北京大學《儒藏》編纂與研究中心　編

小學集註

《儒藏》精華編選刊

〔南宋〕朱熹　劉清之　撰
〔明〕陳選　集註
王燕均　校點

北京大學出版社
PEKING UNIVERSITY PRESS

圖書在版編目(CIP)數據

小學集註 /（南宋）朱熹，（南宋）劉清之撰；（明）陳選集註；北京大學《儒藏》編纂與研究中心編. —北京：北京大學出版社，2023.8
（《儒藏》精華編選刊）
ISBN 978-7-301-33903-9

Ⅰ. ①小… Ⅱ. ①朱… ②劉… ③陳… ④北… Ⅲ. ①古漢語－啓蒙讀物 Ⅳ. ①H194.1

中國國家版本館CIP數據核字（2023）第062906號

書　　名　小學集註
XIAOXUE JIZHU
著作責任者　〔南宋〕朱熹、劉清之 撰　〔明〕陳選 集註
王燕均　校點
北京大學《儒藏》編纂與研究中心　編
策劃統籌　馬辛民
責任編輯　武　芳
標準書號　ISBN 978-7-301-33903-9
出版發行　北京大學出版社
地　　址　北京市海淀區成府路205號　100871
網　　址　http://www.pup.cn　新浪微博：@北京大學出版社
電子郵箱　編輯部 dj@pup.cn　總編室 zpup@pup.cn
電　　話　郵購部 010-62752015　發行部 010-62750672
編輯部 010-62756449
印 刷 者　三河市北燕印裝有限公司
經 銷 者　新華書店
650毫米×980毫米　16開本　12印張　132千字
2023年8月第1版　2024年10月第2次印刷
定　　價　46.00元

目録

校點説明

《小學集註》又稱《小學句讀》，六卷，宋朱熹、劉清之撰，明陳選集註。朱熹（一一三〇—一二〇〇），字元晦，號晦庵，别稱考亭、紫陽。徽州婺源（今屬江西）人。生於福建延平龍溪。紹興十八年（一一四八）進士。歷仕高宗、孝宗、光宗、寧宗四朝。曾任泉州同安主簿、知南康軍、秘閣修撰等職。謚曰文，世稱朱文公。後贈太師，追封信國公，改徽國公。其學術上全面繼承程顥、程頤的學説，並加發展，創立了「閩學」，成爲宋代理學集大成者。其學説遠播日本、朝鮮。朱熹著述極多，除此書外，還撰有《四書章句集註》、《周易本義》、《詩集傳》、《楚辭集註》等，編有《資治通鑑綱目》、《近思録》等。劉清之（？—一一九〇左右），字子澄，江西臨江人。紹興二十七年進士。官太常主簿等。後志於義理之學，係朱熹重要弟子之一。著有《曾子内外雜篇》、《訓蒙新書外書》、《戒子通録》、《墨莊總録》、《祭儀》及文集等。陳選（一四二九—一四八六），字士賢，號克庵，浙江臨海人。天順四年（一四六〇）進士。官至廣東右政使。追贈光禄寺卿，謚恭愍。著有《宋史道學傳》、《丹崖集》等。

中國教育從上古就有小、大學之分，八歲入小學，十五歲入大學，是先秦以來中國儒學教育的基本制度。小學又稱蒙學，即啓蒙、蒙養之學的意思。上古的小學教育教材本包括大量倫理道德和修身養正等方面的内容，卻因時代的變遷已久失其傳。唐以前的小學教育教材以識字字書爲主，包含文字、音韻、訓詁之學。到了宋代，隨着大、小學分級教育及官、私立各類小學的日趨普及，像大學一樣，在小學恢復上古以儒家思想倫理爲重要特色的教育教材體系便成爲有識者的共識，朱熹《小學》一書基於此種情況應運而生。所謂「《大學》之書，傳自孔門，立三綱領、八條目」，「而小學散見於傳記，未有成書，學者不能無憾」，朱熹有感於此，輯《小學》一書，「以爲人之幼也，不習於小學，則無以收其放心，養其德性，而爲大學之基本」（張伯行語）。可見，《小學》之書，乃相對於《大學》而言，實爲對古代儒家教育教材體系的復古補闕之作。朱熹《小學序》説：「古者小學，教人以灑掃應對進退之節、愛親敬長隆師親友之道，皆所以爲脩身、齊家、治國、平天下之本，而必使其講而習之於幼穉之時，欲其習與智長、化與心成，而無扞格不勝之患也。」這説明《小學》的編撰宗旨正是力圖恢復古小學之貌，以使上古儒學教育的精神貫穿彰顯於當世。

《小學》全書分内、外兩篇，合三百八十八章。内篇凡四綱目，爲立教、明倫、敬身、稽古；外篇凡二綱目，爲嘉言、善行。内篇爲全書的正篇，所録多爲秦漢以前經傳子史中有關小學的道德名言和倫理故事；外篇實爲附篇，所録多爲漢唐之後子史文集中有關小學的道德名言和倫理故事。上述六個綱目中，又以明倫綱目最爲重要，堪稱全書的核心和樞紐。所謂明倫，是明人之倫常，具體地説，即明父子之親、君臣之義、夫婦之别、長幼之序和朋友之信這五種人倫關係。正如明儒薛瑄所云：「《小學》一書，不外乎父子、君臣、夫婦、長幼、朋友五倫，五倫不出乎仁義禮智信之性。是性也者，其《小學》之樞紐也與！」顯然，古人把明倫作爲整部《小學》的精髓和中心。而明倫又與儒家思想中的三綱五常和忠孝等重要理念息息相通。因此，明倫不僅代表《小學》一書的中心思想，它也代表了整個儒家學派的一個中心思想。

《小學》在古代是一部具有多重性質的典籍，廣爲各個階層的人士所弦誦。它既是蒙書，又是儒典；既被用作學童之類初學者的儒學入門書，又常爲成年人作爲存心、養性的性理學修己書。有的古代目録取其幼儀屬性，把它分入經部小學類；有的則取其儒典屬性，歸入子部儒家類。正是由於它所具有的這些特點，在儒家思想佔據統治地位的封建社會裏，此書很自然地産生了巨大的社會影響。

《小學》一書大致編定於宋淳熙十四年（一一八七）前後。《晦庵集》有癸卯《與劉子澄書》，言及此書之初稿乃矢熹與劉清之合編，書之發凡起例出於矢熹，而類次編排實託清之。初刊，也由清之完成。此書問世以後，中、韓、日三國的歷代版本極多，僅以註本爲例，三國歷代註家就上百。明代以後一些六卷本的名家註本不斷出現。這主要包括明代陳選的《小學集註》、明代程愈的《小學集説》、清代高愈的《小學纂註》及清代張伯行的《小學集解》等。其中尤以明代陳選的《小學集註》影響最大。

《四庫全書總目》論及陳選《小學集註》云：「選註爲鄉塾訓課之計，隨文衍義，務取易解，其説頗爲淺近。然此書意取啓蒙，本無深奥，又雜取文集子史，不盡聖言。註釋者推衍支離，務爲高論，反以晦其本旨。固不若選之所註，猶有裨於初學矣。」可見，此註本確有許多過人之處，問世後很快得以風行，並得到明崇禎皇帝和清雍正皇帝的欽許和賜序，遂被世人推尊爲學習《小學》的首選註本，並被大量翻印、推廣。此註本的諸多古代版本主要有明弘治十八年（一五〇五）王鏁刻本（現藏中國人民大學圖書館）、明嘉靖十七年（一五三八）孫仝紹興刻本（現藏臺北「中央圖書館」）、明嘉靖三十三年霍冀刻本（現藏國家圖書館）、明嘉靖三十五年李德用刻本（現藏安徽省博物館等）、明萬曆二十六年（一五九八）曹璜刻本（現藏國家圖書館等）、明萬曆二十六年李多見珠崖刻本（現藏臺北「中央圖書館」）、明萬曆四十六年沈自彰刻本（現藏北京大學圖書館）、明崇禎八年（一六三五）内府刻本、清雍正五年（一七二七）八旗官學刻本及清乾隆《四庫全書》本等。

這次校點，考慮到明崇禎八年内府刻本爲《小學集註》一書最早的欽定本，係崇禎帝

「爰命儒臣詳加較訂，正其訛舛，繕刻頒行之」，堪稱精善之本，清雍正五年八旗官學刻本及乾隆《四庫全書》本等皆遵循此本，加之此前的私家刻本都有一些體例不一、内容竄亂之處，故以國家圖書館所藏明内府刻本爲底本，校以該館所藏明嘉靖三十三年霍冀刻本（簡稱霍刻本）、明萬曆二十六年曹璜刻本（簡稱曹刻本）及北京大學圖書館所藏明萬曆四十六年沈自彰刻本（簡稱沈刻本）；對《小學》一書正文部分，還對校了國家圖書館所藏元刻何士信《諸儒標題註疏小學集成》十卷殘本（現存八至十卷，簡稱元刻集成本）和北京大學圖書館所藏元刻夏煦《文公先生小學資講》十一卷並圖一卷本（簡稱資講本）等早期《小學》版本。另外，這次校點還參考了新編《朱子全書·小學》校點本（王光照、王燕均校點，上海古籍出版社、安徽教育出版社一九九二年出版），並在其基礎上作了一些改進，特此説明。

校點者　王燕均

陳選序

昔二帝三王，我朝一祖四宗之道統，聖天子既承之，憂士或遺實學而騖空文，無以贊道化也，復慨然俞商相國之言，詔天下士，皆先從事於小學，然後進乎大學。於乎！士不幸不逢時，猶將違俗而學聖人之道以成其身，幸而值乎今之世，道化方盛，有小學以成始，大學以成終，有選舉之塗出，而行所學以及人，盍亦思所以學乎？聖人之道，人倫而已矣，學之必自小學始。子朱子《小學》一書，其教在於明倫，其要在於敬身，蓋作聖之基也。從事於斯，豈惟讀其辭而已邪？讀明倫而知父子之親、君臣之義、夫婦之别、長幼之序、朋友之交，必踐其事焉；讀敬身而知心術之要、威儀之則、衣服之制、飲食之節，必嚴諸己焉。及進乎大學，格物、致知則因吾已知者而究極之也，誠意、正心、修身則因吾已行者而惇篤之也，由是推之於家則家可齊，推以贊道化則國可治、天下可平。故學聖人之道必自小學始，否則雖欲勉焉以進乎大學，猶作室而無基也，成亦難矣，況騖空文乎？夫爲學而不嚴諸己、不踐其事，誦說雖多，辭章雖工，皆空文也，於吾身何益哉？於家國天下何補哉？於聖人之道何所似哉？選學也晚，道未之聞，以奉詔來總中州教，周還諸士間，有一朝之義，故敢句讀是書，相與講而行之，期底於成，以副聖天子作人之盛意，若四方之士，則惡乎敢。成化癸巳五月望日，天台陳選序。

御製重刊小學序

朕夙夜圖治，追惟我祖宗朝，教化洋溢，人才彬彬輩出，共致太平，抑何盛也。今海宇多故，動稱乏才。揆厥所繇，士子幼學時，父師之教不明，即以利禄汩其心術，全不從德行立根，譬之樹本先撥，安望成棟梁之用？宋儒朱子《小學》一書，其教在於明倫，其要在於敬身，而古人嘉言、善行靡不備具，誠果行育德之根柢，齊治均平之權輿也。朕勑諭禮臣通飭督學及郡邑有司表章是書，以爲士鵠。生儒非能熟習力踐者，不許充試倖取，業已三令五申矣。復簡閲先臣陳選《集註》，見其切要明晰，甚於《小學》有裨，爰命儒臣詳加較訂，正其訛舛，繕刻頒行之。使督學盡得如選其人，何患教化不行、人才不盛，庶無負朕覲揚先烈、廣厲刊布之意云爾。

崇禎八年七月吉日

諸儒小學總論

程子曰：「古之人自能食能言而教之，是故小學之法，以豫爲先。蓋人之幼也，知思未有所主，則當以格言至論，日陳於前，使盈耳充腹，久自安習，若固有之者。後雖有讒説摇惑，不能入也。若爲之不豫，及乎稍長，意慮偏好生於内，衆口辯言鑠於外，欲其純全，不可得已。」

象山陸氏曰：「古者教子弟，自能言能食，即有教，以至灑掃應對之類，皆有所習，故長大易語。今人自小只教做對，稍大即教作虛誕之文，皆壞其性質也。」

東萊吕氏曰：「後生小兒學問，且須理會《曲禮》《少儀》《儀禮》等，學灑掃應對進退之事，及先理會《爾雅》訓詁等文字，然後可以語上。下學而上達，自此脱然有得。不如此，則是躐等，終不得成也。」

北溪陳氏曰：「程子説主敬工夫，可以補小學之闕。蓋主敬，可以收放心而立大本。大本既立，然後大學工夫，循序而進，無往不通。大抵主敬之功貫始終，一動静，合内外，小學、大學皆不可無也。」

又曰：「朱子《小學》書綱領甚好，最切於日用，雖至大學成，亦不外是。」

邵武李氏曰：「先生年五十八，編次《小學》書成，以訓蒙士，使培其根，以達其支。《内篇》曰立教，曰明倫，曰敬身，曰稽古。《外篇》二，取古今嘉言以廣之，善行以實之。雖已進乎大學者，亦得以兼補之於後，脩身大法此略備焉。」

西山真氏曰：「《小學》之書，先載《列女傳》胎教之法，而繼以《内則》之文，合二章觀之，小學之教略備矣。」

魯齋許氏《小學大義》其略曰：「自始皇焚書已後，聖人經籍不全，無繇考較古人爲學之次第。班孟堅《漢史》，雖説小學、大學規模大略，然亦不見其間節目之詳也。千有餘年，學者各以己意爲學，高者入於空虚，卑者流於功利，雖苦心極力，博識多聞，要之不背於古人者鮮矣。近世新安朱文公，以孔門聖賢爲教爲學之遺意，參以《曲禮》《少儀》《弟子職》諸篇，輯爲《小學》之書。其綱目有三：立教、明倫、敬身。次稽古，所以載三代聖賢已行之迹，以實前篇立教、明倫、敬身之言。其《外篇》嘉言、善行，載漢以來賢者所言之嘉言、所行之善行，其綱目亦不過立教、明倫、敬身也。衍《内篇》之言以合《外篇》，則知《外篇》者，《小學》之枝流；約《外篇》之言以合《内篇》，則知《内篇》者，《小學》之本源。合内外而兩觀之，則《小學》之規模節目無所不備矣。」

又曰：「《小學》之書吾信之如神明，敬之如父母。」

小學句讀

臣陳選集註

古者小學，教人以灑掃應對進退之節、愛親敬長隆師親友之道，皆所以爲脩身、齊家、治國、平天下之本。灑，去聲。掃，去聲。長，上聲。治，平聲。後不圈者皆去聲。○凡語絶處，謂之句，則圈於字之旁。語未絶而分之以便於讀，謂之讀，則圈於字之中間。○古者，夏、商、周也。小學，鄉學也。人，指八歲以至十四歲之子弟也。灑，謂灑水以斂塵。掃，謂掃地以去塵。應，謂應尊長之呼。對，謂對尊長之問。節，禮節也。親，父母也。隆，尊也。親，近也。道者，當然之理。脩齊治平，大學之事也。古人蕬小學以收心養性，基本已立，至大學特收其成功耳。而必使其講而習之於幼穉之時，欲其習與智長、化與心成，而無扞格不勝之患也。穉，音治。長，上聲。扞，音汗。格，胡得切。勝，音升。○講以明其理，習以熟其事。穉，亦幼也。扞格，猶抵牾也。不勝，不能勝當其教也。幼穉之子，心知未有所主，及時而教之，使習於善，而與智俱長；化於善，而與心俱成。故無扞格不勝之患，而大學之教亦易入矣。此兩節，言古者小學教人之意。今其全書雖不可見，而雜出於傳記者亦多。讀者往往直以古今異宜而莫之行，殊不知其無古今之異者，固未始不可行也。傳，去聲。○今，朱子自謂宋時也。古者《小學》之全書不可見者，以秦火焚之也。傳記，謂《禮記》《管子》諸書。直，猶但也。殊，猶絶也。古今異宜，謂宜於古而不宜於今也。無古今之異，謂古法亦有宜於今也。今頗蒐輯以爲此書，授之童蒙，資其講習，庶幾有補於風化之萬一云爾。蒐，音搜。輯，音集。幾，平聲。○蒐輯者，索古法之宜於今者，而纂輯之也。授，付也。童蒙，童幼而蒙昧也。資，助。庶幾，近辭。風化，《詩序》曰「上以風化下」是也。萬一，萬分之一也。云爾，語辭。朱子此書，續古者小學之教，以爲大學基本，有補於國家之風化大矣。曰庶幾，曰萬一，皆謙辭耳。吴氏曰：「朱子之於世教，豈惟有補於當時，實則有功於萬世也。」此兩節，言繼絶學，輯《小學》之意。淳熙丁未三月朔旦晦菴題。淳熙丁未，宋孝宗十四年也。晦菴，朱子草堂之名，因以爲號。

小學題辭

饒氏曰：「小學者，小子之學也。題辭者，標題書首之辭也。」

○元亨利貞，天道之常。仁義禮智，人性之綱。元者，生物之始。亨者，生物之通。利者，生物之遂。貞者，生物之成。四者謂之天道，天理自然之本體也。亘萬世而不易，故曰常。仁者，温和慈愛之理。義者，斷制裁割之理。禮者，恭敬撙節之理。智者，分別是非之理。四者謂之人性，人人所稟之天理也。統萬善而不遺，故曰綱，猶網之綱。下文所謂四端四行，則其目之大者也。○元於時爲春，於人爲仁。亨於時爲夏，於人爲禮。利於時爲秋，於人爲義。貞於時爲冬，於人爲智。○此一節，言天道流行，賦於人而爲性也。

○凡此厥初，無有不善。藹然四端，隨感而見。見，音現。○饒氏曰：「此者，指上文仁義禮智之性也。厥，語辭。初，謂本然也。藹然，衆盛貌。端，緒也。孟子曰：『惻隱之心，仁之端也；羞惡之心，義之端也；辭讓之心，禮之端也；是非之心，智之端也。』此言仁義禮智之性，其本然無有不善，是以惻隱、羞惡、辭讓、是非四者之善端，藹藹然隨其物之所感動而形見也。」○此一節，言性發而爲情也。

○愛親敬兄，忠君弟長。是曰秉彝，有順無彊。長，上聲。彝，音夷。彊，上聲。○饒氏曰：「忠者，盡己之心也。弟，順；是，此；秉，執；彝，常也。順者，因其自然。彊者，抑之使然。此言愛親、敬兄、忠君、弟長，四者人之善行，根於秉執之常性，因其自然，而非抑之使然也。」〇此一節，言性之見於行也。

〇惟聖性者，浩浩其天。不加毫末，萬善足焉。惟，語辭。天，即理也。毫末，一毫之末也。萬善，如四端四行是也。此言聖人性全於天，無所污壞，其本然之理，浩浩然廣大，不待增加毫末人爲，而萬善自足，無少欠缺也。〇此一節，言聖人之盡其性也。

〇衆人蚩蚩，物欲交蔽。乃頽其綱，安此暴棄。蚩，音笞。頽，徒回切。〇饒氏曰：「蚩蚩，無知之貌。物欲，謂凡聲色臭味之欲也。暴，害也。此言衆人氣稟昏愚而無知，物欲交互而遮蔽。是以頽墜其仁義禮智之綱，而安於自暴自棄也。」〇此一節，言衆人之汩其性也。

〇惟聖斯惻，建學立師。以培其根，以達其支。惻，音測。培，音裴。支，與枝同。〇斯，語辭。建，亦立也。此言聖人見衆人安於暴棄，於是惻然傷憫，而建學立師以教之。小學之教，所以收其放心，養其德性，如培擁木之根本也。大學之教，所以開發聰明，進德脩業，如發達木之支條也。〇此一節，言聖人興學設教之意。

〇小學之方，灑掃應對。入孝出恭，動罔或悖。行有餘力，誦《詩》讀《書》。詠歌舞蹈，思罔或逾。悖，音佩。蹈，音稻。逾，音俞。〇方，法也。罔，無也。手曰舞。足曰蹈。饒氏曰：「此言小學之方，必使學者謹夫灑掃應對之節，入則愛其親，出則敬其長。凡所動作，無或悖戾乎此也。行此數者而有餘力，則誦《詩》讀《書》，或詠歌以習樂之聲，或舞蹈以習樂之容。凡所思慮，無或逾越乎此也。」〇此一節，言小學之教，所以培其根也。

〇窮理脩身，斯學之大。明命赫然，罔有内外。德崇業廣，乃復其初。昔非不足，今豈有餘。復，音伏。〇饒氏曰：「斯，此也。明命，即天之所賦於人，而人之所得以爲性者也。赫然，明盛貌。德者，道之得於内者也。業者，功之成於外者也。復，還也。初，謂本然也。此言格物致知以窮究其理，誠意正心以脩治其身。此乃大學之道也。然天之明命，赫然昭著，無有内外之間。學者誠能從事於大學，使物格知至，意誠心正身脩，而德之積於内者，極乎崇高。繇是推之，使家齊國治天下平，而業之施於外者，極乎廣博，則有以復其性之本然矣。昔日之安於暴棄也，此性固非不足。今日之德崇業廣也，此性亦非有餘。但昔爲氣稟物欲之所蔽，今則復其本然耳。」〇此一節，言大學之教，所以達其支也。

〇世遠人亡，經殘教弛。蒙養弗端，長益浮靡。鄉無善俗，世乏良材。利欲紛拏，異言喧豗。弛，音始。靡，音米。拏，汝加切。豗，音灰。〇饒氏曰：「端，正也。乏，無也。利欲，猶言物欲也。拏，牽引也。豗，相擊也。此言前世既遠，聖人既没，六經殘缺，而教法亦廢弛矣。小學之教廢，故學者自童蒙之時，而養之不以其正。大學之教廢，故及其年長，則所習日益輕浮華靡。是以鄉無淳厚之習俗，世無粹美之人材，但見利欲之習紛然而相牽引，異端之言喧然而相攻擊也。」〇此一節，言後世教學不明之害。

〇幸兹秉彝，極天罔墜。爰輯舊聞，庶覺來裔。嗟嗟小子，敬受此書。匪我言耄，惟聖之謨。輯，音集。裔，以制切。耄，音冒。〇極，終也。極天罔墜，言人心秉彝之理，萬古常存也。我，朱子自稱也。饒氏曰：「爰，於也。裔，衣襟之末。來裔，謂後學也。嗟嗟，嘆辭。耄，老而昏也。此言後世教學不明，雖如上文所云，然所幸者，人之秉彝，極天罔墜，我於是纂輯舊所聞者，以爲《小學》之書，庶幾可以覺悟後來之學者爾。初學之小子，宜敬受此書而學之。此非我老耄之妄言，是乃前聖之謨訓也。」○此一節，言輯《小學》開後學之意。

小學集註卷之一

臣陳選集註

内篇

許文正公曰：「《小學》之書，吾信之如神明，敬之如父母。」夏氏曰：「上卷爲《内篇》，下卷爲《外篇》。」許文正公曰：「《内篇》者，《小學》之本源；《外篇》者，《小學》之支流。」○《内篇》有四：立教、明倫、敬身，皆述虞、夏、商、周聖賢之言，乃《小學》之綱也。稽古，摭虞、夏、商、周聖賢之行，所以實立教、明倫、敬身也。《外篇》有二：嘉言，述漢以來賢人之言，所以廣立教、明倫、敬身也。善行，紀漢以來賢人之行，亦所以實立教、明倫、敬身也。

立教第一

此篇述古聖人所以立極教人之法，其大目不出乎立明倫之教、立敬身之教而已。篇首《胎教》一章，則教之本源也。凡十三章。

○子思子曰：「天命之謂性，率性之謂道，脩道之謂教。」子思，孔子之孫，名伋，子思其字也。子者，後學宗師先儒之稱。朱子曰：「命，猶令也。性，即理也。天以陰陽五行化生萬物，氣以成形，而理亦賦焉，猶命令也。於是人物之生，因各得其所賦之理，以爲健順五常之德，所謂性也。率，循也。道，猶路也。人物各循其性之自然，則其日用事物之間，莫不各有當行之路，是則所謂道也。脩，品節之也。性道雖同，而氣稟或異，故不能無過不及之差，聖人因人物之所當行者而品節之，以爲法於天下，則謂之教，若禮、樂、刑、政之屬是也。」則天明，遵聖法，述此篇俾爲師者知所以教，而弟子知所以學。則，法也。天之明命，即天命之性也。遵，循也。聖人之法，即脩道之教也。俾，使也。此篇所述，皆道之當然，原於天而立於聖人者也。師之所以教，弟子之所以學，無有切於此者矣。

《列女傳》曰：「古者婦人妊子，寢不側，坐不邊，立不蹕，傳，去聲。妊，音壬。❶ ○饒氏曰：「蹕，當作跛。音庇。」○列女，猶言諸女，漢劉向采其事以爲傳。妊，娠也。寢，卧也。側，謂側其身。邊，謂偏其身。跛，任一足也。古人席地而坐，如今人之跪，至漢猶然。不食邪味，割不正不食，席不正不坐，邪味，不正之味。割，謂切肉。席，謂坐席。目不視邪色，耳不聽淫聲，夜則令瞽誦《詩》，道正事。❷ 邪色，不正之色。淫聲，不正之聲。則，即也。令，使也。瞽，無目者。《詩》，謂二《南》之詩。道，言也。正事，事之合禮者。令瞽誦《詩》，以其精於聲也。如此，則生子形容端正，才過人矣。」「如此」二

---

❶ 「壬」下，霍刻本有「側音仄」。

❷ 「事」下，霍刻本有「令平聲瞽音古」。

字，總結上文。寢食立坐，❶視聽言動，一出於正。然後生子形容端正，而才能過於常人矣。蓋妙合而凝之時，正形生神發之初，感於正則善，❷感於邪則惡，自然之理也。

〇《内則》曰：「凡生子，擇於諸母與可者，必求其寬裕慈惠、温良恭敬、慎而寡言者，使爲子師。」《内則》，《禮記》篇名，言閨門之内，禮儀可則也。諸母，衆妾也。可者，謂雖非衆妾，而可爲子師者。寬容而安裕，慈愛而惠順，温和而易良，恭莊而敬畏，謹慎而寡言，婦德之純也。故使之爲子師，以教子焉。司馬温公曰：「乳母不良，非惟敗亂家法，兼令所飼之子性行亦類之。」「子能食食，教以右手；能言，男『唯』女『俞』；男鞶革，女鞶絲。上「食」音石，下「食」音似。唯，音委。鞶，音盤。〇食，飯也。以，用也。男女皆用右手，取其强而已。唯，應之速。俞，應之緩。剛柔之義也。鞶，帶也。革，皮也。絲，帛也。男用皮，女用帛，亦剛柔之義也。六年，教之數與方名。年，即歲也。數，謂一十百千萬。方名，謂東西南北。七年，男女不同席，不共食。不同席而坐，不共器而食，❸教之有别也。八年，出入門户及即席飲食，必後長者，始教之讓。八年，入小學之時也。耦曰門，奇曰户。即，就也。後長者，在長者之後也。讓，謙遜也。出入門户後長者，行之讓也。即席後長者，坐之讓也。飲食後長者，食之讓也。

---

❶「立坐」，霍刻本作「坐立」。
❷「善」，霍刻本作「美」。
❸「共」，霍刻本作「同」。

九年，教之數日。數，上聲。○日，謂朔望六甲。以上兼男女言也。十年，出就外傅，居宿於外，學書計，衣不帛襦袴。禮帥初，朝夕學幼儀，請肄簡諒。傅，音付。襦，音儒。帥，音率。儀，音宜。肄，音異。○此言男子矣。十年曰幼。外傅，教學之師也。居宿，日居夜宿也。學，猶習也。書，字體。計，算法。即六書九數也。襦，上衣。袴，下衣。不用帛而用布，防奢靡也。禮帥初，禮節皆帥循初時之所教也。幼儀，幼事長之禮儀也。簡，書篇。諒，信實。皆請於外傅而肄習之。十有三年，學樂誦《詩》舞《勺》。成童，舞《象》，學射御。有，音又。勺，音酌。○樂，六樂。詩，樂章。學之誦之，所以養性情也。《勺》，美武王之詩。《象》，美文王之詩。舞《勺》者，歌《勺》爲節而舞也。舞《象》者，歌《象》爲節而舞也。成童，十五以上也。射，五射。御，五御。程子曰：「射中鵠，舞中節，御中度，皆誠也。古人教人以射御《象》《勺》，所養之意如此。」二十而冠，始學禮，可以衣裘帛，舞《大夏》。惇行孝弟，博學不教，內而不出。冠，音貫。○二十曰弱。冠，加冠也。始，初也。禮，五禮。衣，著也。裘，皮服。冠者，成人之道，故學五禮。冠而後服備，故衣裘帛。《大夏》，禹樂。樂之文武兼備者也。敦，篤也。博，廣也。博學於文而不教人，恐未精也。內畜其德而不暴於外，切於爲己也。熊氏曰：「八年教遜讓，十年學幼儀，則已知孝弟之道矣。至此益加以篤行也。」三十而有室，始理男事。博學無方，孫友視志。孫，音遜。○三十曰壯。陳氏曰：「室，猶妻也。男事，受田給役也。方，猶常也。遜友，順事朋友也。❶視志，視其志意所尚

❶「事」，霍刻本作「交」。

也。」〇博學無常，惟善是師。遜友視志，惟善是取。四十始仕，方物出謀發慮，道合則服從，不可則去。四十曰强。方，猶對也。物，猶事也。謀，謂論理。慮，謂思慮。❶服，謂任事。從，謂從君。〇朱子曰：「方物謀慮，只是隨事謀慮。」五十命爲大夫，服官政，七十致事。五十曰艾。七十曰老。服，猶任也。上言仕，治一官之小事也。此言服官政，統一官之大政也。致事，則致還其職事於君矣。❷女子十年不出，姆教婉娩聽從。執麻枲，治絲繭，織紝組紃，學女事，以共衣服。觀於祭祀，納酒漿籩豆菹醢，禮相助奠。姆，音茂。枲，音洗。紝，音壬。組，音祖。紃，音巡。共，音供。籩，音邊。菹，臻魚切。醢，音海。〇十年不出，謂十歲則不出閨門。❸姆，女師也。婉，謂言語柔順。娩，謂容貌柔順。聽，謂有所受。從，謂無所違。此皆教以女德也。❹枲，麻之有子者。執麻枲，績事也。治絲繭，蠶事也。紝，布帛之屬。組，亦織也。紃，似絛，古人以置諸冠服縫中者。此皆教之學女事，以供衣服也。祭祀，饗先祖也。納，進也。漿，醋水也。竹曰籩。木曰豆。醃菜曰菹。肉醬曰醢。奠，薦也。禮相助奠，謂以禮相長者而助其奠。此皆教以祭祀之禮也。十有五年而笄，二十而嫁。有故，二十三而嫁。上「有」音又。笄，音

---

❶「慮」，霍刻本作「患」。
❷「則」，霍刻本作「謂」。
❸「不出閨門」，霍刻本作「常處於閨門之內也」。
❹「以」，霍刻本作「於」。

鷄。○笄，簪也。婦人不冠，以簪固髻而已。故，謂父母之喪。聘則爲妻，奔則爲妾。」聘，問也。奔，趨也，謂不待聘而從之。

○《曲禮》曰：「幼子常視毋誑，立必正方，不傾聽。」視、示同。毋，音無。誑，古況切。○《曲禮》，《禮記》篇名。言禮之節目委曲也。示，❶猶教也。毋，不可也。誑，欺誑也。正方，謂正向一方。傾聽，謂側耳以聽。常視毋誑，教之以誠也。立必正方，不傾聽，教之以敬也。

○《學記》曰：「古之教者，家有塾，黨有庠，術有序，國有學。」塾，音孰。庠，音詳。術，陳氏曰：「當作州。」○《學記》，《禮記》篇名。古者二十五家爲閭，同在一巷，閭巷之學曰塾。五百家爲黨，黨之學曰庠。二千五百家爲州，州之學曰序。國，謂天子及諸侯之都也。國之學曰學。家塾，小學也。黨庠、州序、國學，大學也。人生八歲入小學，十五入大學，皆教之以人倫而已。

○《孟子》曰：「人之有道也，飽食暖衣、逸居而無教，則近於禽獸。聖人有憂之，使契爲司徒，教以人倫，父子有親，君臣有義，夫婦有別，長幼有序，朋友有信。」契，音薛。別，必列切。○孟子，名軻，字子輿。聖人，謂堯也。契，人名。司徒，官名。倫，序也。同門曰朋，同志曰友。別，謂各有配偶而不相亂也。朱子曰：「人之有道，言其皆有秉彝之性也。然無教，則亦放逸怠惰而失之。故聖人設官而教以人倫，亦因其固有者而道之耳。」

---

❶「示」，霍刻本作「視」。

〇舜命契曰：「百姓不親，五品不遜。汝作司徒，敬敷五教，在寬。」舜，虞帝名。契，舜臣名，即上章堯所命者。五品：父子、君臣、夫婦、長幼、朋友，五者之倫也。敬，謂敬其事。敷，布也。五教：父子教之以親，君臣教之以義，夫婦教之以別，長幼教之以序，朋友教之以信也。百姓不相親愛，孫於五品不相遜順，故舜申命契仍爲司徒，敬以敷五教，而寬以待之。朱子曰：「寬只是不急迫，慢慢地養他。」命夔曰：「命汝典樂，教胄子。直而温，寬而栗，剛而無虐，簡而無傲。詩言志，歌永言，聲依永，律和聲，八音克諧，無相奪倫，神人以和。」胄，音宙。諧，音鞋。〇夔，亦舜臣名。典，主也。胄，長也。自天子至卿大夫之適子也。栗，莊敬也。永，長也。聲，五聲，宫、商、角、徵、羽也。律，十二律，黄鍾、大簇、姑洗、蕤賓、夷則、無射，陽律也；大吕、夾鍾、仲吕、林鍾、南吕、應鍾，陰律也。八音，金、石、絲、竹、匏、土、革、木也。蔡氏曰：「凡人直者必不足於温，故欲其温；寬者必不足於栗，故欲其栗。所以慮其偏而輔翼之也。剛者必至於虐，故欲其毋虐；簡者必至於傲，故欲其毋傲。所以防其過而戒禁之也。教胄子者欲其如此，而其所以教之之具，則又專在於樂，蓋樂可以養人中和之德，而救其氣質之偏也。心之所之謂之志。心有所之，必形於言，故曰『詩言志』。既形於言，必有長短之節，故曰『歌永言』。既有長短，則必有高下清濁之殊，故曰『聲依永』。既有長短清濁，則又必以十二律和之，乃能成文而不亂，所謂『律和聲』也。人聲既和，乃以其聲被之八音而爲樂，則無不諧協，而不相侵亂，失其倫次，而可以奏之朝廷，薦之郊廟，神人以和矣。聖人作樂以養性情，育人材，事神祇，和上下，其體用功效，廣大深切乃如此。今皆不復見矣，可勝嘆哉！」

○《周禮·大司徒》：「以鄉三物教萬民而賓興之：《周禮》，周公致太平之書也。大司徒，教官之長也。萬二千五百家爲鄉。物，猶事也。興，猶舉也。謂以鄉三事教成萬民。鄉大夫論其賢者能者，以鄉飲酒禮尊之爲賓，而獻其書於王也。一曰六德：知、仁、聖、義、忠、和；知，音智。○德者，理之得於心者也。知識事理爲智，事理通明爲聖。仁者，心之德，愛之理。義者，心之制，事之宜。盡己之心爲忠，心無乖戾爲和。二曰六行：孝、友、睦、婣、任、恤；行，去聲。睦，音目。任，去聲。○行者，理之見於行者也。孝，謂善事父母。友，謂善於兄弟。睦，謂親於九族。婣，謂親於外親。任，謂信於朋友。恤，謂賑於憂貧。三曰六藝：禮、樂、射、御、書、數。藝者，理之寓於事者也。禮有五，曰吉、凶、軍、賓、嘉。樂有六，曰雲門、咸池、大韶、大夏、大護、大武。射有五，曰白矢、參連、剡注、襄尺、井儀。御有五，曰鳴和鸞、逐水曲、過君表、舞交衢、逐禽左。書有六，曰象形、會意、轉注、處事、假借、諧聲。數有九，曰方田、粟布、衰分、少廣、商功、均輸、盈朒、方程、勾股。禮以制中，樂以道和，射以觀德行，御以正馳驅，書以見心畫，數以盡物變，皆至理所寓，而日用不可缺者也。真氏曰：「三物之教，先以德行，而次以六藝者，即孔子『行有餘力，則以學文』之意。」以鄉八刑糾萬民：一曰不孝之刑，二曰不睦之刑，三曰不婣之刑，四曰不弟之刑，五曰不任之刑，六曰不恤之刑，七曰造言之刑，八曰亂民之刑。」糾，音九。弟，去聲。造，音皂。○糾，謂察而正之。造言，造爲妖妄之言也。亂民，挾邪道以惑民也。或問：八刑無不友之刑，何也？朱子曰：「不須如此看，但看古人教法如何，而今無矣。」

○《王制》曰：「樂正崇四術，立四教，順先王《詩》、《書》、禮、樂以造士。春秋教以禮、樂，冬夏教以《詩》《書》。」造，音皂。○《王制》，《禮記》篇名。樂正，掌教之官。崇，尚也。四術，《詩》、《書》、禮、樂。四教，春、夏、秋、冬。順，依也。造，成也。陳氏曰：「古人之教，雖曰四時各有所習，其實亦未必截然棄彼而習此，恐亦互言耳。非春秋不可教《詩》《書》，冬夏不可教禮、樂也。」

○《弟子職》曰：「先生施教，弟子是則。温恭自虛，所受是極。《弟子職》，《管子》篇名，管仲所著者。先生，師也。稱師曰先生者，以先己而生也。自稱曰弟子者，尊師如父兄也。則，效。温，和。恭，遜也。自虛，心不自滿也。朱子曰：「所受是極，謂受業須窮究道理到盡處也。」見善從之，聞義則服。温柔孝弟，毋驕恃力。毋，音無。○服，猶行也。柔，巽順也。孝，謂善事父母。弟，謂善事兄長。驕則侮人，恃力則陵人，非汎愛衆矣。志毋虛邪，行必正直。游居有常，必就有德。行，去聲。○心之所之謂之志，身之所行謂之行。虛，謂虛僞。常，謂常所。就有德，親仁也。顔色整齊，中心必式。夙興夜寐，衣帶必飭。飭，音敕。○式，敬；夙，早；飭，整也。顔色整齊，敬見乎外也。中心必式，敬存乎中也。夙興夜寐，勤以簡身也。衣帶必飭，謹以簡身也。此三節，言力行之事。朝益暮習，小心翼翼。一此不懈，是謂學則。」懈，音戒。○益，增也。翼翼，敬也。朝益暮習，勤以務學也。小心翼翼，敬以務學也。此言學文之事。懈，怠也。則，法也。通結上文。吴氏曰：「言爲弟子者，當事一從事於此而不怠，是謂爲學之法矣。」

○孔子曰：「弟子入則孝，出則弟，謹而信，汎愛衆而親仁，行有餘力，則以學文。」孔子，名丘,字仲尼。朱子曰:「謹者,行之有常也。信者,言之有實也。汎,廣也。衆,謂衆人。親,近也。仁,謂仁者。餘力,猶言暇日。以,用也。文,謂《詩》《書》六藝之文。」程子曰:「爲弟子之職,力有餘則學文,不脩其職而先文,非爲己之學也。」

○「興於詩,此章之首,當有「孔子曰」三字,而略之者,蒙上章也。他皆放此。朱子曰:「興,起也。詩本人情,有邪有正,其爲言既易知,而吟咏之間,抑揚反覆,其感人又易入。故學者之初,所以興起其好善惡惡之心而不能自已者,必於此而得之也。❶」立於禮。朱子曰:「禮以恭敬辭遜爲本,而有節文度數之詳,可以固人肌膚之會,筋骸之束。故學者之中,所以能卓然自立,而不爲事物之所摇奪者,必於此而得之。」成於樂。」朱子曰:「樂有五聲十二律,更唱迭和,以爲歌舞八音之節,可以養人之情性,而蕩滌其邪穢,消融其渣滓。故學者之終,所以至於義精仁熟,而自和順於道德者,必於此而得之,❷是學之成也。」又曰:「按《內則》,十歲學幼儀,十三學樂誦《詩》,二十而後學禮。則此三者,非小學傳受之次,乃大學終身所得之難易、先後、淺深也。」

○《樂記》曰:「禮樂不可斯須去身。」《樂記》,《禮記》篇名。斯須,一離一合之頃也。去,離也。禮樂治身之本,故不可斯須離之。

❶「於」,霍刻本作「以」。
❷「於」,霍刻本作「以」。

○子夏曰：「賢賢易色，事父母能竭其力，事君能致其身，與朋友交言而有信，雖曰未學，吾必謂之學矣。」易，音亦。○子夏，孔子弟子，姓卜，名商。朱子曰：「賢人之賢，而易其好色之心，好善有誠也。致，猶委也。委致其身，謂不有其身也。四者皆人倫之大者，而行之必盡其誠，學求如是而已。故子夏言有能如是之人，苟非生質之美，必其務學之至。雖或以爲未嘗爲學，我必謂之已學也。」按立教、明倫、敬身三者，小學之綱也。父子、君臣、夫婦、長幼、朋友、心術、威儀、衣服、飲食九者，小學之目也。而立教則教此而已，或乃外是立説，誤矣。

小學集註卷之二

臣陳選集註

内篇

明倫第二

明，明之也。倫，人倫也。其目有五：明父子之親，明君臣之義，明夫婦之别，明長幼之序，明朋友之交。凡百七章。❶

○孟子曰：「設爲庠序學校以教之，皆所以明人倫也。」設，立也。庠以養老爲義，序以習射爲義，校以教民爲義，皆鄉學也。學，國學也。夏曰校，殷曰序，周曰庠，學則三代共之。稽聖經，訂賢傳，述此篇以訓蒙士。訂，丁正切。傳，去聲。○稽，考也。訂，評議。聖人之書曰經，賢人之書曰傳。

《内則》曰：「子事父母：鷄初鳴，咸盥漱櫛縰笄總，拂髦，冠緌纓，端韠紳，搢笏，左右佩

❶「章」，原作「篇」，今據霍刻本、沈刻本改。

用，偪屨著綦。盥，音管。漱，音嗽。櫛，則瑟切。縰，音洒。笄，音鷄。髦，音毛。緌，如追切。韠，音畢。搢，音晉。偪，音逼。屨，音句。著，音酌。綦，音忌。○咸，皆也。盥，洗手也。漱，漱口也。櫛，梳也。縰，韜髮作髻者，黑繒爲之。笄，簪也。總，束髮飾髻者，練繒爲之。拂髦，謂拂去髦上之塵。緌者，纓之餘。纓者，冠之系。端，玄端服也。韠，蔽膝也。❶搢，插也。插笏於大帶，所以記事也。左右佩用，謂身之兩旁，佩帨巾小刀之類，以備用也。偪，邪幅也，纏足至膝者。屨，鞋也。著，猶結也。綦，鞋口帶也。在首，則櫛髮，加縰，加笄，加總，拂髦，著冠，結纓，垂緌。在身，則服玄端，著韠，加紳，搢笏，佩用。在足，則縛偪，納屨，著綦。各以次第施之。司馬温公曰：「孫事祖父母同。」劉氏曰：「髦，謂子生三月，則剪其胎髮爲鬌，帶之于首，男左女右。逮其冠笄也，則采飾之加于冠，不忘父母生育之恩也。父母喪，則去之。」婦事舅姑如事父母：鷄初鳴，咸盥漱櫛縰笄總，衣紳，左右佩用，衿纓，綦屨。衿，巨禁切。○夫之父曰舅，夫之母曰姑。衣紳，著衣而加紳也。佩用，鍼線之類。衿，結也。纓，香囊也，恐身有穢氣觸尊者，故佩之。司馬温公曰：「孫婦同。」以適父母、舅姑之所。適，往也。所，寢室也。及所，下氣怡聲，問衣燠寒，疾痛苛癢，而敬抑搔之。出入則或先或後，而敬扶持之。燠，音郁。苛，音痾。癢，音養。抑，音益。搔，音騷。○燠，熱也。苛，疥也。低下其氣，怡悦其聲。問衣之燠，將減之也。問衣之寒，將加之也。疾痛，則抑按。苛癢，則搔爬。出入，則或前以扶持之，或後以扶持之。一出於敬也。進盥，少者奉槃，長者奉

❶「也」下，霍刻本有「紳大帶也」。

水，請沃盥。盥卒，授巾。奉，音捧。槃，音盤。沃，音屋。○沃盥，注水而盥。授，進也。巾，拭手者。問所欲而敬進之，柔色以温之。父母、舅姑必嘗之而後退。温，去聲。○所欲，意之所欲食者。陳氏曰：「温，承藉也。謂以和柔之顔色，承藉尊者之意。」男女未冠笄者，鷄初鳴，咸盥漱櫛縰，拂髦，總角，衿纓，皆佩容臭。昧爽而朝，問何食飲矣。若已食則退，若未食則佐長者視具。」冠，音貫。朝，音潮。佐，去聲。○男未冠，女未笄，皆幼者。總角，束髮爲角也。臭，香物也，助爲容飾，故曰容臭，以纓佩之。昧，晦也。爽，明也。謂欲明未明之時。朝，猶見也。佐，助也。視具，謂察視饌具寒暖之節。

○「凡内外，鷄初鳴，咸盥漱，衣服。斂枕簟，灑掃室堂及庭，布席，各從其事。」衣，去聲。簟，徒點切。○此亦《内則》之文而不言者，蒙上章也。他皆放此。内外，婢僕之輩。斂，收也。枕簟，謂尊者之枕簟。布，設也。席，謂尊者之坐席。各從其事，若女服事于内，男服事于外是矣。

○「父母、舅姑將坐，奉席，請何鄉。將衽，長者奉席，請何趾。少者執牀與坐。御者舉几，斂席與簟，縣衾，篋枕，斂簟而襡之。奉，音捧。鄉，音向。衽，音稔。趾，音止。縣，音玄。篋，音祛。襡，音獨。○將衽，謂將設臥席。趾，足也。牀，謂安坐之牀。御者，謂侍奉之人。衾，被也。篋以竹爲之，襡以布爲之。設坐席，則問面向何方。設臥席，則問足向何方。臥而起，則執牀以與之坐，舉几以與之憑。席與簟則收斂之，衾則束而縣之，枕則以篋貯之，簟既斂而又以襡韜之者，以臥則簟在席上，尤當敬也。將坐奉席，亦長者。斂席以下，皆侍者。父母、舅姑之衣衾簟席枕几，不傳；杖屨，祗敬之，勿敢近；敦牟卮匜，非餕莫敢用；❶與恒飲食，非餕，莫之敢飲食。」祇，音支。敦，音對。牟，音謀。卮，音支。匜，音移。餕，音俊。○傳，移也。衣衾簟席枕几，每日置之有常處，不得輒移置他處也。❷近，謂挨逼之。杖屨，服飾之重者，❸尤須恭敬，不敢挨逼之也。敦、牟，皆盛黍稷之器。卮，酒器。匜，盛水之器。食餘曰餕。與，及也。恒，常也。尊者所用之器，非食其餘，則不敢用之。所常飲食之物，非飲食之餘者，則不敢飲食之。

○「在父母、舅姑之所，有命之，應唯敬對，進退周旋慎齊。唯，音委。齊，側皆反。○應唯，應以速也。敬對，對以敬也。進退周旋慎齊，言一進一退之時，周回旋轉之際，必謹慎齊莊也。升降出入揖遊，不敢噦噫、嚏咳、欠伸、跛倚、睇視，不敢唾洟。噦，於決切。噫，音隘。嚏，音帝。咳，丘蓋切。跛，音庇。睇，音第。唾，吐卧切。洟，音替。○升降，以堂階言。出入，以門户言。揖，謂進而前，其身略俯如揖也。遊，揚也，謂退而後，其身微仰而揚也。噦，嘔逆聲。噫，食飽聲。嚏，噴嚏。咳，咳嗽。氣乏則欠，❹體疲則伸。偏任爲跛，依物爲倚。睇視，邪視也。唾出於口，洟出於鼻。噦噫、嚏咳，則聲不恭。欠

---

❶「非」，資講本作「將」。
❷「輒」，霍刻本作「轉」。
❸「飾」，霍刻本作「御」。
❹「氣乏」，霍刻本、沈刻本作「意闌」。

伸、跛倚、睇視，則貌不恭。唾洟，則聲貌俱不恭。故升降出入揖遊之頃，皆不敢。寒不敢襲，癢不敢搔。不有敬事，不敢袒裼。不涉不撅。褻衣衾不見裏。襲，音習。搔，音騷。袒，音但。裼，音昔。撅，音貴。褻，音屑。見，音現。○亦爲不恭也。襲，謂重衣。敬事，謂習射。袒裼，露臂也。撅，褰裳也。非習射則不敢露臂，非涉水則不敢褰裳。褻，猶近也。近身之衣衾，其裏有穢，故不見。父母唾洟不見。冠帶垢，和灰請漱。衣裳垢，和灰請澣。衣裳綻裂，紉箴請補綴。」見，音現。垢，音苟。漱，音搜。澣，音緩。紉，尼憐切。箴，音針。綴，贅、拙二音。○不見，謂刷去之。垢，塵垢也。和，湯漬也。手洗曰漱，足洗曰澣。上服曰衣，下服曰裳。以線貫鍼曰紉。「少事長，賤事貴，共帥時。」帥，音率。○賤，謂婢僕之輩。共，皆也。帥，循也。時，是也。謂皆循是禮而行之。

○《曲禮》曰：「凡爲人子之禮，冬温而夏清，昏定而晨省。温以致其暖，如温被之類；清以致其凉，如扇枕之類。定以安其寢，省以問其安。出必告，反必面。所遊必有常，所習必有業。恒言不稱老。」告，啓也。反，還也。面，猶見也。常，猶方也。陳氏曰：「遊有常，身不他往也。習有業，心不妄用也。恒言，平常言語也。自以老稱，則父母爲過於老矣。不稱老，欲安父母之心也。」

○《禮記》曰：「孝子之有深愛者，必有和氣；有和氣者，必有愉色；有愉色者，必有婉容。孝子如執玉，如奉盈，洞洞屬屬然，如弗勝，如將失之。嚴威儼恪，非所以事親也。」奉，音捧。屬，音竹。勝，音升。○此《禮記·祭義》之篇。不曰《祭義》而曰《禮記》者，以其言孝非言祭也。餘皆放此。❶愉悦之色見於面，婉順之容見於身。盈，滿也。洞洞，質慤貌。屬屬，専一貌。勝，當也。言敬親常如執玉奉盈，恐不能當其重滿，而且將覆墜也。若夫嚴肅威重，儼正謹恪，乃以上臨下之敬耳，豈事親之道哉。陳氏曰：「和氣、愉色、婉容，皆愛心之所發。❷如執玉捧盈，如弗勝，如將失之，皆敬心之所存。愛敬兼至，乃孝子之道。」

○《曲禮》曰：「凡爲人子者，居不主奥，坐不中席，行不中道，立不中門。主，當也。室西南隅爲奥，尊者所居也。食饗不爲概，祭祀不爲尸。食，音似。概，音蓋。○食饗，如延客奉祭之類。概，量饌具之多少，當順親意，不得自限量也。尸，神象也。父主祭而子爲尸，是父拜子也，故不爲。聽於無聲，視於無形。親雖未言，亦聽之，恐言而不及聞也。親雖未動，亦視之，恐動而不及見也。以上言尊親之事。不登高，不臨深，不苟訾，不苟笑。」訾，音紫。○苟，苟且。訾，毁也。登高臨深，危道也。苟訾苟笑，辱道也。此言愛身之事。邵氏曰：「爲子之道，既當自卑以尊其親，又當自重以愛其身。」

○孔子曰：「父母在，不遠遊，遊必有方。」朱子曰：「遠遊，則去親遠而爲日久，定省曠而音問疎，不惟己之思親不置，亦恐親之念我不忘也。遊，近遊也。遊必有方，如已告云之東，則不敢更適西，欲親必知己之所在而無憂，召己則必至而無失也。」范氏曰：「子能以父母之心爲心，則孝矣。」

---

❶「餘」，霍刻本作「後」。
❷「心」，沈刻本作「親」。

○《曲禮》曰：「父母存，不許友以死。」死，謂患難相死。親在而以死許人，是忘親矣。黃氏曰：「許友以死，雖父母不在亦不可。」

○《禮記》曰：「父母在，不敢有其身，不敢私其財，示民有上下也。有，猶專也，即許友以死之謂。示，猶教也。有上下，卑當統於尊也。父母在，饋獻不及車馬，示民不敢專也。」自此遺彼曰饋，自下奉上曰獻。車馬，物之重者，故不敢專之以饋獻。

○《內則》曰：「子婦孝者敬者，父母、舅姑之命，勿逆勿怠。子而孝敬，父母必愛之。婦而孝敬，舅姑必愛之。然不可恃愛而於命或逆或怠也。逆，謂不順。怠，謂不勤。若飲食之，雖不耆，必嘗而待。加之衣服，雖不欲，必服而待。飲，去聲。食，音似。耆，音視。○耆、欲，皆好也。待，謂待尊者。察己不好而改命焉，然後去之。加之事，人代之，己雖不欲，姑與之，而姑使之，而後復之。」姑，且也。使，教也。陳氏曰：「尊者任之以事，己既爲之矣，或念其勞，又使人代爲。己雖不以爲勞，而不欲人代，然必順尊者之意，且與之。若慮其爲之不如己意，且教之。及其果不能，而後己復爲之。」黃氏曰：「此兩節，皆明弗逆弗怠之意。」

○「子婦無私貨，無私畜，無私器，不敢私假，不敢私與。畜，許六切。○畜，養牲也。假，借人也。鄭氏曰：「家事統於尊者也。」婦或賜之飲食、衣服、布帛、佩帨、茝蘭，則受而獻諸舅姑。舅姑受之則喜，如新受賜；帨，音稅。茝，昌改反。○或賜之，謂私親兄弟與之也。佩，雜佩，鍼線之類。帨，帨巾。茝、蘭，皆香草。輔氏曰：「新，初也，如初受兄弟之賜也。」若反賜之，則辭；不得命，如更受賜，藏以待乏。反賜之，謂舅姑不受而復與之。不得命，不允其辭也。如更受賜，如再受舅姑之賜也。待乏者，待舅姑之空乏而獻之也。婦若有私親兄弟，將與之，則必復請其故，賜而後與之。」復，扶又切。故爲句。○故，即反賜之物也，亦必再請於舅姑，既許，然後與之。黃氏曰：「不敢私受，故獻諸舅姑。不敢私與，故復請其故。」

○《曲禮》曰：「父召無諾，先生召無諾，唯而起。」唯，音委。○諾，應之緩。唯，應之速。

○《士相見禮》曰：「凡與大人言，始視面，中視抱，卒視面，毋改。衆皆若是。《士相見禮》，《儀禮》篇名。大人，卿大夫也。視面，觀其顏色，可傳言未也。抱，懷抱也。視抱，容其思之，且爲敬也。視面，察其納己言否也。毋改，謂見答之間，當正容體以待之，毋自變動，嫌懈惰，不虚心也。衆，謂諸卿大夫同在此者。皆若是，視之儀無異也。❶若父，則遊目，毋上於面，毋下於帶。上，上聲。○子於父，主孝不主敬，故所視差廣，目觀安否何如也。記曰：「凡視，上於面則敖，下於帶則憂。」若不言，立則視足，坐則視膝。」視足，伺其行也。視膝，伺其起也。

○《禮記》曰：「父命呼，唯而不諾；手執業，則投之；食在口，則吐之；走而不趨。父命

❶ 「儀」，霍刻本作「宜」。

呼，爲父命所呼也。❶唯、諾，皆應也，而唯速於諾。走、趨，皆步也，而走速於趨。親老，出不易方，復不過時。親癠，色容不盛。此孝子之疏節也。復，音伏。癠，音劑。○易，改也。不易方，如已告云東往，則不敢更適西也。復，還也。不過時，如已告云晝還，則不敢更至暮也。癠，病也。色容不盛，有憂色也。孝子之事親，無所不至，此特其疏略之禮節耳。父没，而不能讀父之書，手澤存焉爾；母没，而杯圈不能飲焉，口澤之氣存焉爾。」圈，區員切。○不能，猶不忍。父母没而澤猶存，故不忍。方氏曰：書，書策也。杯圈，飲食器也。手澤，汗之所漬也。口澤，津之所漬也。口有氣焉，故又以氣言之。

○《内則》曰：「父母有婢子，若庶子庶孫，甚愛之，雖父母没，没身敬之不衰。婢子，婢所生者。若，及也。庶子庶孫，庶母所出者，父母所愛，當終身敬之，非特愛之而已。子有二妾，父母愛一人焉，子愛一人焉，繇衣服飲食，繇執事，毋敢視父母所愛，雖父母没不衰。」繇，自也。視，比也。

○「子甚宜其妻，父母不説，句。出。子不宜其妻，父母曰『是善事我』，子行夫婦之禮焉，没身不衰。」説，音悦。○宜，猶善也。出，謂出其妻。應氏曰：「父母以爲善，子情雖替，而夫婦之禮亦不可不行焉。」

❶「爲」，霍刻本作「謂」。

○「曾子曰：『孝子之養老也，樂其心，不違其志；樂其耳目，安其寢處，以其飲食忠養之。養，去聲。樂，音雒。下俱同。處，上聲。○曾子，孔子弟子，名參，字子輿。「老」及四「其」字，皆指親而言。樂其心，怡悦其心也。不違其志，承順其志也。方氏曰：「怡聲以問，所以樂其耳。柔色以温，所以樂其目。昏定，所以安其寢。晨省，所以安其處。忠者，盡己之心也。」是故父母之所愛亦愛之，父母之所敬亦敬之，至於犬馬盡然，而況於人乎？』」父母所愛之犬馬猶愛之，況父母所愛敬之人乎？

○《内則》曰：「舅没則姑老，冢婦所祭祀、賓客，每事必請於姑。介婦請於冢婦。老，謂傳家事於冢婦，非以年計也。冢婦，長婦也。祭祀、賓客，禮之大者，猶必咨稟而後行焉。介婦，衆婦也。舅姑使冢婦，毋怠。不友無禮於介婦。友，當作敢。○言舅姑以事使冢婦，既不可怠於事，又不敢恃舅姑之命而無禮於介婦也。舅姑若使介婦，毋敢敵耦於冢婦，不敢並行，不敢並命，不敢並坐。耦，音偶。○敵，相抗也。耦，相並也。命，出令也。言舅姑若以事使介婦，亦不敢恃此而與冢婦相抗並。非惟任事不敢抗並，亦不敢並行、並命、並坐也。凡婦不命適私室，不敢退。婦將有事，大小必請於舅姑。」凡婦，通冢婦、介婦言。私室，婦之室。蓋婦侍舅姑，不命之退，不敢退也。事，謂私事。

○「適子庶子，祗事宗子宗婦。雖貴富，不敢以貴富入宗子之家。雖衆車徒舍於外，以寡約入，不敢以貴富加於父兄、宗族。」適，音的。舍，去聲。○適子，謂父及祖之適子，是小宗也。庶子，謂適子之弟。宗子，謂大宗子。宗婦，謂大宗子之妻。祗，敬也。徒，從人也。舍，置也。寡，少也。約，省也。入，亦謂入宗子之家。加，高也，言非惟不敢以富貴入宗子之家，凡内外父兄宗族，皆不敢以此加之。

○曾子曰：「父母愛之，喜而弗忘；父母惡之，懼而無怨；父母有過，諫而不逆。」朱子曰：「諫而不逆，謂委曲作道理以諫，不唐突以觸父母之怒也。」

○《内則》曰：「父母有過，下氣怡色，柔聲以諫。諫若不入，起敬起孝。説，則復諫；説，音悦。復，扶又切。○吳氏曰：「下、怡、柔，皆和順之意。」蓋諫易至於犯，故欲和順也。入，納也。起者，悚然興起之意。不説，與其得罪於鄉黨州閭，寧孰諫。父母怒，不説而撻之流血，不敢疾怨，起敬起孝。」説，音悦，下同。孰與熟同。○萬二千五百家爲鄉，五百家爲黨，二千五百家爲州，二十五家爲閭。孰諫，謂純熟殷勤而諫。疾，惡也。諫而父母不悦，其罪輕。不諫而父母得罪於人，其罪重。二者之間，寧可孰諫。

○《曲禮》曰：「子之事親也，三諫而不聽，則號泣而隨之。」號，平聲。○將以感動親心，庶或能聽也。

○「父母有疾，冠者不櫛，行不翔，言不惰，琴瑟不御，食肉不至變味，飲酒不至變貌，笑不至矧，怒不至詈。疾止復故。」矧，矢引切。詈，音利。○櫛，梳髪也。翔，張拱也。惰，戲慢也。❶變，猶易也。貌，謂色也。齒見曰矧，怒駡曰詈。孝子之事親，病則致其憂。不櫛，憂不爲飾也。不翔，憂不

---

❶「慢」，霍刻本作「嫚」。

爲容也。不惰，憂不爲謔也。不御，憂不爲樂也。不變味，憂不擇食也。不變貌，憂不多飲也。大笑則見矧，怒甚則至詈，亦爲忘憂，故戒之。復故，復常也。疾止則憂散，故復常。

○「君有疾，飲藥，臣先嘗之；親有疾，飲藥，子先嘗之。嘗，謂度其所堪。醫不三世不服其藥。」吕氏曰：「醫至三世，活人多矣，用藥熟矣，然後服之，謹疾之道也。」方氏曰：「經之所言，道其常而已。非世傳而自得，未及三世，固在所取也。」

○孔子曰：「父在觀其志，父没觀其行，三年無改於父之道，可謂孝矣。」行，去聲。○朱子曰：「父在，子不得自專，而志則可知。父没，然後其行可見，故觀此足以知其人之善惡。然又必能三年無改於父之道，乃見其孝。不然，則所行雖善，亦不得爲孝矣。」

○《内則》曰：「父母雖没，將爲善，思貽父母令名，必果；將爲不善，思貽父母羞辱，必不果。」貽，遺也。令，善也。果，謂果決爲之。

○《祭義》曰：「霜露既降，君子履之，必有悽愴之心，非其寒之謂也。春，雨露既濡，君子履之，必有怵惕之心，如將見之。」悽，音妻。愴，音創。濡，音儒。怵，音出。惕，他歷切。○《祭義》，《禮記》篇名。此言君子感時思親也。履，踐也。悽愴，悲傷貌。濡，沾濕也。怵惕，驚動貌。見之，謂見其親。履霜露而悽愴，故祭於秋。履雨露而怵惕，故祭於春。

○《祭統》曰：「夫祭也者，必夫婦親之，所以備外内之官也，官備則具備。」夫，音扶。

○《祭統》，《禮記》篇名。統，猶本也。具者，供祭之物。❶國之祭，卿大夫相君，命婦相夫人。家之祭，衆子相宗子，備外官也；衆婦相宗婦，備內官也。官既備，則事無闕矣。

○「君子之祭也，必身親莅之。有故，則使人可也。」莅，音利。○莅，臨也。必身親臨之者，致其如在之誠也。輔氏曰：「有故，謂疾病或不得已之事，己既不克與，而時又不可失，則使他人攝之可也。」

○《祭義》曰：「致齊於內，散齊於外。齊之日，思其居處，思其笑語，思其志意，思其所樂，思其所耆，齊三日，乃見其所爲齊者。齊，音齋，下同。散，上聲。處，上聲。樂，五教切。耆，音視。○齊之爲言齊也，所以齊不齊而致其齊也。致齊於內，若心不苟慮之類。散齊於外，若不飲酒不茹葷之類。樂，好也。耆，欲也。五「其」字及所爲皆指親而言。祭之日，入室，僾然必有見乎其位；周還出户，肅然必有聞乎其容聲；出户而聽，愾然必有聞乎其嘆息之聲。僾，音愛。還，音旋。愾，開代切。○陳氏曰：「入室，入廟室也。僾然，彷彿之貌。見乎其位，如見親之在神位也。周旋出户，謂薦俎酌獻之時，行步周旋之間，或自户內而出也。肅然，敬惕之貌。容聲，舉動容止之聲也。出户而聽，祭畢而出聽也。愾然，大息之聲也。」是故先王之孝也，色不忘乎目，聲不絕乎耳，心志耆欲不忘乎心。輔氏曰：「先王能存其心，故親之容色，自不忘乎目；親之聲音，自不絕乎耳；親之心志耆欲，自不忘乎心。」致愛則存，致慤則著，著存不忘乎心，夫安得不敬乎？」慤，音確。○陳氏曰：「致愛，極其愛親之

---

❶「供」，霍刻本作「奉」。

心也。致慤，極其敬親之誠也。存，以上文三者不忘而言。著，以上文見乎其位以下三者而言。」輔氏曰：「著存不忘乎心，則洋洋乎如在其上，如在其左右，夫安得不敬乎？」

○《曲禮》曰：「君子雖貧，不粥祭器；雖寒，不衣祭服；爲宫室，不斬於丘木。」粥，音育。衣，去聲。○粥，賣也。丘，墓也。君子寧其身之困，而不忍慢其先，孝敬之至也。

○《王制》曰：「大夫祭器不假。祭器未成，不造燕器。」假，借也。大夫有田禄，祭器當自具，故不假。造，爲也。燕器，自奉之器，祭器未成，則不造，先神而後己也。

○孔子謂曾子曰：「身體髮膚，受之父母，不敢毁傷，孝之始也。立身行道，揚名於後世，以顯父母，孝之終也。膚，皮也。身體言其大，髮膚言其小。道者，當然之理。身不苟安，而行必繇道，則己之名揚於後世，而父母之名亦顯矣。夫孝始於事親，中於事君，終於立身。夫，音扶。○此孝之終始也。愛親者，不敢惡於人；敬親者，不敢慢於人。愛敬盡於事親，而德教加於百姓，刑於四海，此天子之孝也。惡，去聲。○刑，儀法也。真氏曰：「孝者不出乎愛敬而已。推愛親之心以愛人，而無所疾惡。推敬親之心以敬人，而無所慢易。則躬行於上，而德教自刑於下，天下之人，無不皆愛敬其親矣。此大孝尊親之事。」在上不驕，高而不危，制節謹度，滿而不溢，然後能保其社稷，而和其民人，此諸侯之孝也。溢，音逸。○制節，自制於禮節也。謹度，謹守法度也。貴爲國君，可謂高矣。富有千乘，可謂滿矣。高則易危，在上不驕，故不危。滿則易溢，制節謹度，故不溢。社，土神。稷，穀神。惟諸侯得祭之。民，謂庶民。人，謂在位者。此下三節，其次弗辱之事。非先王之法服不敢服，非先王之法言不敢道，非先王之德行不敢行，然後能保其宗廟，此卿大夫之孝也。法，法度也。道，言也。宗，程子曰：「言人宗於此，而祭祀也。」卿大夫有家，家必有廟，故言保宗廟。以孝事君則忠，以敬事長則順，忠順不失，以事其上，然後能守其祭祀，此士之孝也。移事親之孝以事君，則忠矣。移事親之敬以事長，則順矣。上，即君長也。士有田禄以奉祭祀，故言守祭祀。用天之道，因地之利，謹身節用以養父母，此庶人之孝也。❶朱子曰：「用天之道，因地之利，謂依時及節，耕種田土。謹身，謂不作非爲，❷不犯刑憲。節用，謂省使儉用，不妄耗費。如此，則身安用足，❸自有以奉養其父母也。」故自天子至於庶人，孝無終始，而患不及者，未之有也。」孝之終始，見上文。事親而不能有終有始，災及其身必矣。

○孔子曰：「父母生之，續莫大焉。君親臨之，厚莫重焉。是故不愛其親而愛他人者，謂之悖德；不敬其親而敬他人者，謂之悖禮。」續，音俗。悖，音佩。○悖，猶逆也。真氏曰：「父母生我者也，我則嗣續乎父母者，天性之恩孰大焉！君之臨臣，父之臨子，所以治而教之也，其厚乎我孰重

---

❶「也」下，霍刻本有「養去聲」。

❷「爲」，霍刻本作「違」。

❸「用」，霍刻本作「力」。

焉！合君親而並言，以見君臣其義一也。」

〇「孝子之事親，居則致其敬，養則致其樂，病則致其憂，喪則致其哀，祭則致其嚴。五者備矣，然後能事親。養，去聲。樂，音雒。〇致，極也。樂，謂愉色婉容。人子事親之心，自始至終，無一毫之不盡，可謂孝矣。事親者居上不驕，爲下不亂，在醜不争。居上而驕則亡，爲下而亂則刑，在醜而争則兵。此三者不除，❶雖日用三牲之養，猶爲不孝也。」養，去聲。〇驕，矜肆。亂，悖逆。醜，同類。争，争鬬；亡，滅亡；刑，刑戮也。兵，謂以兵刃相加。除，去也。三牲，牛、羊、豕也。三者不除，烖將及親，其爲不孝大矣。口體之奉，豈足贖哉！

〇孟子曰：「世俗所謂不孝者五：惰其四支，不顧父母之養，一不孝也；博奕好飲酒，不顧父母之養，二不孝也；好貨財，私妻子，不顧父母之養，三不孝也；從耳目之欲，以爲父母戮，四不孝也；好勇鬬狠，以危父母，五不孝也。」養，去聲，下同。奕，音亦。好，去聲，下同。從，音縱。戮，音六。狠，下懇切。〇四支，手足也。顧，猶念也。博，局戲。奕，圍碁。私，偏私。從，從恣也。欲，謂耳欲聲、目欲色也。戮，羞辱。狠，忿戾也。新安陳氏曰：「五不孝之序，從輕漸説至重。」

〇曾子曰：「身也者，父母之遺體也。行父母之遺體，敢不敬乎？居處不莊，非孝也；

❶「此」，原無，今據資講本補。

事君不忠，非孝也；莅官不敬，非孝也；朋友不信，非孝也；戰陳無勇，非孝也。五者不遂，烖及其親，敢不敬乎？」處，上聲。莅，音利。陳，音陣。烖，音灾。○行，猶奉也。莅，臨也。交兵曰戰，制行伍曰陳。遂，成也。曰莊、曰忠、曰敬、曰信、曰勇，皆持身以敬也。一有不敬，小則辱親，大則禍親矣。

○孔子曰：「五刑之屬三千，而罪莫大於不孝。」五刑，墨、劓、剕、宫、大辟也。墨者刺面，劓者割鼻，剕者刖足，宫者去勢，大辟死刑也。按《書・吕刑》：「墨屬千，劓屬千，剕屬五百，宫屬三百，大辟之屬二百，凡三千條。」刑所以罰惡，惡莫大於不孝，故罪亦莫大於不孝。

右明父子之親。

《禮記》曰：「將適公所，宿齊戒，居外寢，沐浴，史進象笏，書思對命。既服，習容觀玉聲，乃出。」齊，莊皆切。觀，音貫。○適，往也。公所，君所也。宿，前期也。史，掌文史者。笏者忽也，書事以備忽忘者也。思，謂所思告君者；對，謂所擬對君者；命，謂君命。三者皆書於笏，有進思盡忠之意焉。既服，著朝服畢也。容貌、儀觀、佩玉之聲，點簡不至，則失色於人，故預習之。

○《曲禮》曰：「凡爲君使者，已受命，君言不宿於家。爲，去聲。使，去聲。○君言，即君命。受命即行，敬君也。君言至，則主人出拜君言之辱。使者歸，則必拜送于門外。使，去聲。○出，謂出門。辱者，屈辱君命之臨也。陳氏曰：「至則拜命，歸則拜送，皆敬君也。」若使人於君所，則必朝服而命之。使者反，則必下堂而受命。」下「使」，去聲。○反，還也。朝服而遣使，下堂而受命，皆敬君也。

○《論語》曰：「君召使擯，色勃如也，足躩如也。躩，區若切。○朱子曰：「擯，主國之君所使出接賓者。勃，變色貌。躩，盤辟貌。皆敬君命故也。」揖所與立，左右手，衣前後襜如也。襜，赤占切。○朱子曰：「所與立，謂同爲擯者也。揖左人，則左其手；揖右人，則右其手。襜，整貌。」趨進，翼如也。朱子曰：「疾趨而進，張拱端好，如鳥舒翼。」賓退，必復命曰：『賓不顧矣。』」朱子曰：「舒君敬也。」○此一節，❶記孔子爲君擯相之容。

○「入公門，鞠躬如也，如不容。朱子曰：「鞠躬，曲身也。公門高大而若不容，敬之至也。」立不中門，行不履閾。閾，音役。○朱子曰：「中門，中於門也。閾，門限也。」謝氏曰：「立中門，則當尊。行履閾，則不恪。」過位，色勃如也，足躩如也，其言似不足者。朱子曰：「位，君之虚位。君雖不在，過之必敬，不敢以虚位而慢之也。言似不足，不敢肆也。」攝齊升堂，鞠躬如也，屏氣似不息者。齊，音咨。屏，音丙。○朱子曰：「攝，摳也。齊，衣下縫也。禮：將升堂，兩手摳衣，使去地尺，恐躡之而傾跌失容也。屏，藏也。息，鼻息出入者也。近至尊，氣容肅也。」出降一等，逞顔色，怡怡如也。没階趨，翼如

❶「節」，霍刻本作「章」。

也。復其位，踧踖如也。」踧，子六切。踖，音積。○朱子曰：「等，階之級也。逞，放也。漸遠所尊，舒氣解顔。怡怡，和悦也。没階，下盡階也。趨，走就位也。踧踖，恭敬不寧之貌。復位踧踖，敬之餘也。」此一節，❶記孔子在朝之容。

○《禮記》曰：「君賜車馬，乘以拜賜；句。衣服，服以拜賜。陳氏曰：「君賜及門，既拜受矣，❷明日又乘服詣君所，而拜謝其賜，敬之至也。」君未有命，弗敢即乘服也。」輔氏曰：「君雖賜之，而未有命使之乘服，則亦不敢即乘服也。意者古之人君，賜臣下以車服，又必命之乘服與？」

○《曲禮》曰：「賜果於君前，其有核者，懷其核。」核，胡得切。○敬君賜也。

○「御食於君，君賜餘，器之溉者不寫，其餘皆寫。」溉，音蓋。○御食，侍食也。餘，謂食之餘者。溉，洗滌也。陶器、木器，可以洗滌，則就本器食之。若萑竹所織之器，不可洗滌，則傾寫於别器而食之。陳氏曰：「不欲口澤之瀆也。」

○《論語》曰：「君賜食，必正席先嘗之。君賜腥，必熟而薦之。君賜生，必畜之。」畜，音旭。○朱子曰：「食恐或餕餘，故不以薦。正席先嘗，如對君也，言先嘗，則餘當頒賜矣。腥，生肉。熟而薦之祖考，榮君賜也。畜之者，仁君之惠，無故不敢殺也。」

---

❶ 「節」，霍刻本作「章」。
❷ 「受」，霍刻本作「賜」。

○「侍食於君，君祭先飯。」飯，音反。○祭，謂祭先代始爲飲食之人。朱子曰：「侍食者，君祭，則己不祭而先飯。若爲君嘗食然，不敢當客禮也。」

○「疾，君視之，東首，加朝服，拖紳。」首，去聲。拖，待可切。○朱子曰：「東首，以受生氣也。病臥不能著衣束帶，又不可以褻服見君，故加朝服於身，又引大帶於上也。」

○「君命召，不俟駕行矣。」朱子曰：「急趨君命，行出而駕車隨之。」此四條，❶皆記孔子事君之禮。

○「吉月，必朝服而朝。」朝，音潮，下同。○朱子曰：「吉月，月朔也。孔子在魯致仕時如此。」

○孔子曰：「君子事君，進思盡忠，退思補過，將順其美，匡救其惡，故上下能相親。」真氏曰：「將，猶承也。❷匡，正也。進，謂入見其君，則思盡己之忠；退，謂出適私室，則思補君之過，無一時一念之不在君也。有善焉，承順之，使之益進於善。有惡焉，正救之，使之潛消其惡。此愛君之至也。臣以忠愛而親其君，君亦諒其忠愛而親之。」

○「君使臣以禮，臣事君以忠。」朱子曰：「二者皆理之當然，各欲自盡而已。」

○「大臣以道事君，不可則止。」朱子曰：「以道事君者，不從君之欲；不可則止者，必行己之志。」又曰：「不可則止，謂不合則去也。」

---

❶「條」，霍刻本作「章」。
❷「承」，霍刻本作「成」。

○子路問事君，子曰：「勿欺也，而犯之。」子路，孔子弟子，姓仲，名繇，字子路。朱子曰：「犯，謂犯顏諫争。」

○「鄙夫可與事君也與哉！與，音于。○與哉，疑辭。朱子曰：「鄙夫，庸惡陋劣之稱。」其未得之也，患得之，既得之，患失之。何氏曰：「患得之，謂患不能得之。」新安陳氏曰：「得，謂得富貴權利。」苟患失之，無所不至矣。」朱子曰：「小則吮癰舐痔，大則弑父與君，皆生於患失而已。」

○孟子曰：「責難於君謂之恭，陳善閉邪謂之敬，吾君不能謂之賊。」范氏曰：「人臣以難事責於君，使其君爲堯舜之君者，尊君之大也。開陳善道以禁閉君之邪心，唯恐其君或陷於有過之地者，敬君之至也。謂其君不能行善道而不以告者，賊害其君之甚也。」

○「有官守者，不得其職則去；有言責者，不得其言則去。」朱子曰：「官守，以官爲守者。言責，以言爲責者。」

○王蠋曰：「忠臣不事二君，烈女不更二夫。」❶蠋，齊之畫邑人。忠義之臣，始終一心。貞烈之女，始終一志。不以利害易，不以生死變。按《通鑑》：燕將樂毅破齊，聞蠋賢，使請蠋。蠋拒之以此，遂自經死。

---

❶ 「夫」下，霍刻本有「蠋音蜀更平聲」。

右明君臣之義。

《曲禮》曰：「男女非有行媒，不相知名。非受幣，不交不親。❶行媒，謂媒氏之往來。名，謂男女之名。幣，幣帛也。故日月以告君，齊戒以告鬼神，爲酒食以召鄉黨僚友，以厚其別也。別，必列反。○日月，謂取婦之期。鬼神，謂先祖。僚，同官者。友，同志者。厚別，重其有別之禮也。取妻不取同姓，故買妾不知其姓則卜之。」取，音娶，下同。○不娶同姓，爲其近禽獸。卜者，卜其吉凶也。

○《士婚禮》曰：「父醮子，命之曰：『往迎爾相，承我宗事。勖帥以敬，先妣之嗣，若則有常。』子曰：『諾。唯恐弗堪，不敢忘命。』醮，去聲。迎，去聲。相，去聲。勖，音旭。帥，音率。○《士婚禮》，《儀禮》篇名。酌而無酬酢曰醮，蓋醮子以親迎也。相，助也。妻所以助夫，故謂之相。宗事，宗廟之事。勖，勉也。帥，倡也。母曰先妣，蓋古稱也。先妣之嗣，謂婦代姑祭也。若，爾也。有常，始終以敬也。諾，應辭。堪，能也。父送女，命之曰：『戒之敬之，夙夜無違命！』無、毋通，下同。○夙，早也。違，逆也。命，謂舅姑之命。母施衿結帨，曰：『勉之敬之，夙夜無違宮事！』衿，音琴。○衿，衣帶。帨，佩巾。違，乖也。宮事，謂閫内之事也。庶母及門内施鞶，申之以父母之命，命之曰：

❶「親」下，霍刻本有「陳氏曰」。

『敬恭聽，宗爾父母之言。夙夜無愆，視諸衿鞶！』」衿，音琴。○庶母，父妾。鞶，大帶。申，重；宗，尊；愆，過也。不違命，不違宮事，則無過矣。視衿鞶者，欲其常覩之，以憶父母之言而不忘也。真氏曰：「夫之道，在敬身以帥其婦。婦之道，在敬身以承其夫。故父之醮子曰：『勉帥以敬。』親之送女曰：『戒之敬之。』夫婦之道，盡於此矣。」

○《禮記》曰：「夫昏禮，萬世之始也。取於異姓，所以附遠厚別也。幣必誠，辭無不腆，告之以直信。信，事人也。信，婦德也。一與之齊，終身不改，故夫死不嫁。夫，音扶。取，音娶。遠，去聲。別，必列反。腆，他典反。○有夫婦，然後有父子，父子所以傳世，故曰萬世之始。附，託也，託於遠嫌之義也。厚別，重其有別之禮，不欲相褻也。幣，所以將意。辭，所以道情。腆，猶善也。幣誠而不濫惡，辭腆而不輕瀆，是欲告戒爲婦者，以正直誠信也。婦人，事人者也。信者，事人之道，婦人之德，故以是告戒之。齊，謂共牢而食，合巹而酳。不改，謂不改而他適。方氏曰：「信而無僞，則直在其中矣。」男子親迎，男先於女，剛柔之義也。天先乎地，君先乎臣，其義一也。迎，去聲。先，去聲，下同。○先，倡導也。馬氏曰：「男子親迎，而男先於女者，剛先於柔之義也。豈獨婚姻之際如此，天造始而地代終，君主倡而臣主和，亦此義也。」執摯以相見，敬章別也；男女有別，然後父子親；父子親，然後義生；義生，然後禮作；禮作，然後萬物安。無別無義，禽獸之道也。」摯，音至。別，必列反。○昏禮摯用鴈。章，明也。執鴈以相見，行敬以明別也。男女無別，則淫僻之罪多，而父子之恩薄。故必男女有別，然後父子親。父子親，則義生禮作，措之家國天下，而萬物各安其所矣。朱子曰：「漢武帝溺於聲色，游燕後宮，父子不親，遂致戾太子之變。此亦夫婦無別，而父子不親之一證。」

○「取婦之家，三日不舉樂，思嗣親也。」取，音娶。○取妻以代父母，有可感傷者，故不舉樂。「昏禮不賀，人之序也。」序，猶代也。在子則代父，在婦則代姑，故不賀。

○《内則》曰：「禮始於謹夫婦。爲宮室，辨外内。❶男子居外，女子居内。深宮固門，閽寺守之。男不入，女不出。閽，音昏。寺，音氏。○夫婦人倫之始，禮爲人倫而設，故始於謹夫婦。「爲宮室」以下，皆謹夫婦之事。閽，守門者。寺，守宮者。男女不同椸枷。不敢縣於夫之楎椸，不敢藏於夫之篋笥，不敢共湢浴。椸，音移，下同。枷，音架。縣，音玄。楎，音輝。篋，音怯。笥，音似。湢，音逼。○横者曰椸，直者曰楎，挂衣者也。篋、笥，皆竹爲之，貯衣者也。浴室曰湢。草廬吴氏曰：「言内外之辨，非特男女爲然，雖夫婦得相親者亦然。」夫不在，斂枕篋簟席襡，句。器而藏之。少事長，賤事貴，咸如之。襡，音獨。○吴氏曰：「器者，器重之謂。斂枕於篋，斂簟席於襡，器重而藏之。是不特妻事夫之禮，凡少之事長，賤之事貴，皆當如是也。」雖婢妾，衣服飲食，必後長者。長者，謂婢妾中之長者。婢妾雖賤，亦必有長幼之倫焉。妻不在，妾御莫敢當夕。」接於寢曰御。古者妻妾之御各有夕。當夕者，當妻之夕也。

❶「外内」，原作「内外」，今據《禮記·内則》改。

○「男不言内，女不言外。非祭非喪，不相授器。其相授，則女受以篚。其無篚，則皆坐，句。奠之，而後取之。篚，音匪，下同。○内，謂女事。外，謂男事。篚，箱類。坐，跪也。奠，置也。男女授受不親，惟喪、祭二事，得親相授器，蓋祭嚴喪遽，不嫌也。非此二事，則不得親相授器。其或相授，則女必執篚，使授者置之篚中，然後受之。其或無篚，則男女皆跪，授者置諸地，受者取諸地，不親相授也。外内不共井，不共湢浴，不通寢席，不通乞假，男女不通衣裳。乞，求也。假，借也。輔氏曰：「井湢一定，故言不共。寢席衣裳可移，故言不通。外内，汎也。男女，切也。」男子入内，不嘯不指。夜行以燭，無燭則止。女子出門，必擁蔽其面。夜行以燭，無燭則止。嘯，謂蹙口出聲。指，謂用手指畫。不嘯不指，爲駭人視聽也。以，用也。擁，猶障也。道路，男子繇右，女子繇左。」道路之法，其右以行男子，其左以行女子。地道尊右，故男右而女左。

○孔子曰：「婦人，伏於人也，是故無專制之義，有三從之道。在家從父，適人從夫，夫死從子，無所敢自遂也。教令不出閨門，事在饋食之間而已矣。」食，音似。❶○伏，屈伏也。專制自遂，即下文所謂擅爲獨成也。饋食，供饋酒食也。已，止也。是故女及日乎閨門之内，不百里而犇喪。事無擅爲，行無獨成。參知而後動，可驗而後言。晝不遊庭，夜行以火，所以正婦德

❶「音似」，霍刻本作「去聲」。

也。犇，音奔。行，去聲。○及日，猶言終日。不百里，猶言不越境。參，使人相參也。驗，證驗也。❶晝居於内，而不出中庭。夜行於内，而必照以火。婦人之德，以順爲正。凡此皆所以正婦德，而使之正也。女有五不取：逆家子不取，亂家子不取，世有刑人不取，世有惡疾不取，喪父長子不取。取，音娶，下同。○逆，謂逆德，如不忠不孝之類。亂，謂亂倫。世有刑人，棄於人也。世有惡疾，棄於天也。長子，長女也。喪父而又無兄，則無所受命矣。或疑世有刑人不取。朱子曰：「所謂不取者，是世世爲惡不能改者，非指一世而言。如喪父長子不取，却可疑。若然，則無父之女不復嫁，此不可曉。」婦有七去：不順父母去，無子去，淫去，妬去，有惡疾去，多言去，竊盜去。妬，妬忌也。不順父母去，爲其逆德也。無子去，爲其絶世也。淫去，爲其亂族也。妬去，爲其亂家也。有惡疾去，爲其不可與共粢盛也。多言去，爲其間親也。竊盜去，爲其反義也。無子去，惡疾去，於義未安。若必以爲不去，則無以承宗事、繼後世也，處之自當以義，何至於去邪？此皆可疑。有三不去：有所取無所歸不去，與更三年喪不去，前貧賤後富貴不去。取，去聲。與，音預。更，平聲。○有所取無所歸，謂其嫁有所受命，後無父兄，無可回之地也。與更三年喪，謂曾居舅姑之喪也。前貧賤後富貴，謂娶婦時貧賤，而今富貴也。凡此，聖人所以順男女之際，重婚姻之始也。際，謂交際之道。始，謂正始之義。通結此章。

❶「驗」，霍刻本作「據」。

○《曲禮》曰：「寡婦之子，非有見焉，弗與爲友。」見，音現。○見，謂才德著見。不著見則不友，避好色之嫌也。

右明夫婦之别。

孟子曰：「孩提之童，無不知愛其親也；及其長也，無不知敬其兄也。」朱子曰：「孩提，二三歲之間，知孩笑可提抱者也。孝弟之心，人皆有之，堯舜所以世爲天下法，亦充此而已矣。」

○「徐行後長者謂之弟，疾行先長者謂之不弟。」弟，去聲，下同。先，去聲。○徐，緩也。後長者，在長者之後也。疾，速也。先長者，在長者之先也。善事兄長爲弟。

○《曲禮》曰：「見父之執，不謂之進不敢進，不謂之退不敢退，不問不敢對。」陳氏曰：「父之執，父同志之友也。謂之，命之也。敬之同於父。」

○「年長以倍則父事之，十年以長則兄事之，五年以長則肩隨之。」此泛言敬長之節。人生以十年爲一節，倍之則二十年也。父事之，兄事之，即後章所謂「父之齒隨行，兄之齒鴈行」也。肩隨之，並行而稍退也。

○「謀於長者，必操几杖以從之。長者問，不辭讓而對，非禮也。」操，七刀切。○操，執也。從，就也。几所以憑，杖所以扶。謀事於長者，必執以就之，非謂長者所無也，盡禮而已。曾子曰：「參不敏，何足以知之。」公西華曰：「非曰能之，願學焉。」皆辭讓之言也。

○「從於先生，不越路而與人言。遭先生於道，趨而進，正立拱手。先生與之言則對，不與之言則趨而退。從，去聲。○從，隨行也。越，踰也。遭，遇也。趨，急走也。從長者而上丘陵，則必鄉長者所視。」從，去聲。上，上聲。鄉，音向。○土高曰丘，大阜曰陵。向長者所視，恐其因所見而問，則可即所見以對也。

○「長者與之提攜，則兩手奉長者之手，負劍。辟咡詔之，則掩口而對。」奉，音捧。辟，音僻。咡，音二。○提攜，謂牽行。捧手，所以承長者之意。負劍，即帶劍，謂長者旁挾幼者，狀如帶劍也。辟，偏也。咡，口旁也。詔，猶語也。掩口，謂以手障口，不使氣觸長者。

○「凡爲長者糞之禮，必加帚於箕上，以袂拘而退，其塵不及長者，以箕自鄉而扱之。」拘，音勾。鄉，音向。扱，音吸。○糞與拚同，❶掃地也。袂，袖也。拘，障也。退，卻行也。扱，斂取也。初則置帚於箕上，得以兩手舉箕。❷掃地之時，則一手執帚，一袖障帚，卻步而行，不使塵及長者。終則以箕自向，斂取其塵，不以箕向長者。皆敬也。

○「將即席，容毋怍。兩手摳衣，去齊尺。怍，音昨。摳，苦勾反。齊，音咨。○即，就也。怍，

---

❶ 「拚」，霍刻本作「畚」。

❷ 「舉」，霍刻本作「奉」。

愧也，失容則可愧矣。齊，衣下縫也。兩手摳衣，使去地尺，恐躡之而傾跌失容也。衣毋撥，足毋蹶。先生書策琴瑟在前，坐而遷之，戒勿越。撥，半末切。蹶，音厥。○撥，發揚貌。蹶，行遽貌。二者亦失容。坐，跪也。遷，移也。越，謂跨之而過此。皆將即席之事。下文乃既即席之事。坐必安，執爾顏。長者不及，毋儳言。儳，音慚。○安，謂不搖動。爾，指少者。執顏，即正顏色也。不及，不言及也。儳言，參雜長者之先而言也。正爾容，聽必恭，毋勦說，毋雷同。必則古昔，稱先王。」勦，初交切。○容，謂見於一身者。聽，謂聽長者之言。勦說，擥取人之言也。雷同，附和人之言也。法則古昔，稱述先王，則言有據，而非勦說雷同矣。

○「侍坐於先生，先生問焉，終則對。請業則起，請益則起。」陳氏曰：「問終而後對，欲盡聞所問之旨，且不敢參雜先生之言也。請業者，求當習之事。請益者，再問未盡之藴。起，所以致敬。」

○「尊客之前不叱狗，讓食不唾。叱，音赤。唾，吐卧切。○不叱狗，慮駭尊客之聽。不吐唾，慮咈尊客之意。侍坐於君子，君子欠伸，撰杖屨，視日蚤莫，侍坐者請出矣。」撰，仕轉切。蚤，音早。莫，音暮。○氣乏則欠，❶體疲則伸。撰，猶轉動也。日，謂日影。四者皆厭倦之容，故請退以息之。

○「侍坐於君子，君子問更端，則起而對。」更，平聲。○問更端，更易事端而見問也。起，所以

❶「氣乏」，霍刻本、沈刻本作「意闌」。

致敬。

○「侍坐於君子，若有告者曰：『少間，願有復也。』則左右屏而待。」少，上聲。間，去聲。屏，音丙。○復，白也，言欲得少間隙以白事也。屏，退也。居左則屏於左，居右則屏於右。屏而且待者，屏所以遠人之私語，待所以防君子之召。

○「侍飲於長者，酒進則起，拜受於尊所。長者辭，少者反席而飲。長者舉未釂，少者不敢飲。」釂，音醮。○尊，酒尊也。辭，止之也。反，還也。舉，猶飲也。盡酒曰釂。❶

○「長者賜，少者、賤者不敢辭。」不敢抗禮也。

○「御同於長者，雖貳不辭，偶坐不辭。」御，侍也。貳，謂重殽膳。偶坐，謂配長者而坐。侍食不辭饌，偶坐不辭席，皆以其不爲己設，非己之所敢辭也。一説或侍食，或偶坐，有盛饌，皆不辭。

○「侍於君子，不顧望而對，非禮也。」饒氏曰：「顧，顧自己。望，望君子。」

○《少儀》曰：「尊長於己踰等，不敢問其年。燕見不將命。遇於道，見則面，不請所之。」少，去聲。見，音現。○《少儀》，《禮記》篇名。踰等，祖與父之行流也。不敢問年，嫌若序齒也。燕私來見，不敢使擯者傳命，非賓主之禮也。相遇於道路，尊長見己則面見之，不見則隱避，不敢煩動之也。不請所

❶「酒」，霍刻本作「爵」。

之，不敢問其所往也。侍坐，弗使不執琴瑟。不畫地，手無容，不翣也。寢則坐而將命。翣，色洽切。○翣，扇也。坐，跪也。侍坐於尊長，不使之鼓琴瑟，則不得擅執而鼓之。無故而畫地，弄手以爲容，揮扇以取凉，皆不敬也。若當尊長寢卧而傳命，則跪而言，不敢直立以臨之。侍射則約矢，侍投則擁矢。勝則洗而以請。」矢，箭也。射禮，二人爲耦，各四矢，更迭取之，卑幼則一時并取之，故曰約矢。投壺之禮，賓主亦各四矢，皆委於地，一一取而投之，卑幼則悉抱之，故曰擁矢。此皆不敢與尊長抗也。❶若己勝，則不敢使人酌以罰尊長，❷必自洗爵而請行觴；若尊長勝，則亦不敢使人酌以飲己，必自洗爵而請自飲，故曰洗而以請。

○《王制》曰：「父之齒隨行，兄之齒鴈行，朋友不相踰。父之齒，年與父等者。兄之齒，年與兄等者。朋友，年相若者。隨行，行則隨之也。鴈行，行如鴈列也。踰，越也。不相踰，並行而齊也。輕任并，重任分，頒白者不提挈。并，去聲。頒，音班。○任，以肩背。提挈，以手。頒，老人頭半白黑也。并，謂少者獨任之。分，謂少者分任之。不提挈，謂少者代之。君子耆老不徒行，庶人耆老不徒食。」耆，音其。○君子，謂士也。六十曰耆，七十曰老。徒，空也。不徒行，則有車。不徒食，則有肉。○此章記古者敬長優老之制。

❶ 「抗」，霍刻本、沈刻本作「亢」。
❷ 「酌」下，霍刻本有「酒」字。

○《論語》曰：「鄉人飲酒，杖者出，斯出矣。」朱子曰：「杖者，老人也。六十杖於鄉，未出不敢先，既出不敢後。」○此章記孔子居鄉之事。

右明長幼之序。凡二十條，禮文雖殊，要皆不出乎敬之一字。曰先生，以教稱之也；曰君子，以德稱之也；曰尊，父行也；曰長，兄行也；皆以長爲主也。

曾子曰：「君子以文會友，以友輔仁。」朱子曰：「講學以會友，則道益明；取善以輔仁，❶則德日進。」

○孔子曰：「朋友切切偲偲，兄弟怡怡。」偲，音思。○胡氏曰：「切切，懇到也。偲偲，詳勉也。怡怡，和悦也。」

○孟子曰：「責善，朋友之道也。」朱子曰：「朋友當相責以善也。」

○子貢問友，孔子曰：「忠告而善道之，不可則止，毋自辱焉。」告，音谷。○子貢，孔子弟子，姓端木，名賜。朱子曰：「友所以輔仁，故盡其心以告之，善其説以道之。然以義合者也，故不可則止。若以數而見疏，則自辱矣。」

❶「善」，霍刻本作「友」。

○孔子曰：「居是邦也，事其大夫之賢者，友其士之仁者。」朱子曰：「賢以事言，仁以德言。事大夫之賢者，則有所嚴憚。友士之仁者，則有所切磋。皆進德之助也。」

○「益者三友，損者三友。友直、友諒、友多聞，益矣；友便辟、友善柔、友便佞，損矣。」便，平聲。○諒，信實也。善，猶工也。朱子曰：「友直，則聞其過。友諒，則進於誠。友多聞，則進於明。便，習熟也。便辟，謂習於威儀而不直。善柔，謂工於媚悦而不諒。便佞，謂習於口語而無聞見之實。三者損益正相反也。」

○孟子曰：「不挾長，不挾貴，不挾兄弟而友。友也者，友其德也，不可以有挾也。」朱子曰：「挾者，兼有而恃之之稱。」陳氏曰：「有挾，則取友之意不誠。」

○《曲禮》曰：「君子不盡人之歡，不竭人之忠，以全交也。」竭，亦盡也。歡，謂好於我。忠，謂盡心於我。不過望於人，則交道可全矣。

○「凡與客入者，每門讓於客。客至寢門，主人請入爲席，然後出迎客。客固辭，主人肅客而入。主人入門而右，客入門而左。凡者，通貴賤言。每門，通大門、寢門言。讓於客，欲客先入也。寢門，内門。爲，猶布也。固辭，再辭。肅，謂揖也。客辭不先入，故主人揖客而先入以導之。凡門南向，入則東爲右，而西爲左。主人就東階，客就西階。客若降等，則就主人之階。主人固辭，然後客復就西階。主人與客讓登，主人先登，客從之，拾級聚足，連步以上。上於東階，則先右足；上於西階，則先左足。」上，上聲，下同。○降等，謂等列卑於主人。先登，所以導客。拾，當作涉。❶級，謂階之等。聚足，後足合前足也。連步以上，不躐等也。先右先左，以相向爲敬客也。

○「大夫士相見，雖貴賤不敵，主人敬客，則先拜客。客敬主人，則先拜主人。」貴謂大夫，賤謂士。朋友之交，先施之而已。

○「主人不問，客不先舉。」客自外至，主人當先致問，客不當先舉言也。

右明朋友之交。

孔子曰：「君子之事親孝，故忠可移於君；事兄弟，故順可移於長；居家理，故治可移於官。是故行成於內，而名立於後世矣。」弟，去聲。行，去聲。○長，謂官在己上者。理，猶齊也。孝弟則家齊，忠順則國治。行，即孝弟。內，即家也。

○「天子有爭臣七人，雖無道，不失其天下。諸侯有爭臣五人，雖無道，不失其國。大夫有爭臣三人，雖無道，不失其家。士有爭友，則身不離於令名，父有爭子，則身不陷於不義。爭，去聲，下同。離，去聲。○爭，諫也。父有爭子，通上下言。不義，即無道也。故當不義，則子不

❶「抄」，霍刻本作「涉」，沈刻本作「步」。

可以弗争於父，臣不可以弗争於君。」范氏曰：「子不争，則陷父於不義。臣不争，則陷君於無道。」

○《禮記》曰：「事親有隱而無犯，左右就養無方，服勤至死，致喪三年。養，去聲。○隱，微諫也。犯，犯顔以諫也。親者，仁之所在。有過而犯則傷恩，故有隱而無犯。左右，即方也，或左或右，就近而奉養之。無一定之方，言事事皆當理會也。服勤，服行勤勞之事也。致喪，極其哀毁之節也。黄氏曰：「於勤言至死，則勤無時或已矣。」事君有犯而無隱，左右就養有方，服勤至死，方喪三年。君者，義之所在。有過而隱，則近於容悦，故有犯而無隱。左右就養有方，言當各盡職守也。方喪，比方於親喪也。事師無犯無隱，左右就養無方，服勤至死，心喪三年。」劉氏曰：「師者，道之所在。諫必不見拒，不必犯也。過則當疑問，不必隱也。心喪者，身無衰麻之服，而心有哀戚之情也。」

○欒共子曰：「民生於三，事之如一。父生之，師教之，君食之。非父不生，非食不長，非教不知，生之族也，故一事之。唯其所在，則致死焉。共，音恭。食，音似，下同。○欒共子，晋大夫，名成。食，養也。族，類也。君、父、師，皆人之所繇生者，故曰「民生於三」，又曰「生之族也」。一事之，即事之如一。所在致死，謂在君爲君，在父爲父，在師爲師。報生以死，報賜以力，人之道也。」真氏曰：「報生以死，謂君、父、師也。報賜以力，謂他人之有賜於我者，則以力報之也。」

○晏子曰：「君令臣共，父慈子孝，兄愛弟敬，夫和妻柔，姑慈婦聽，禮也。共，音恭。○晏子，齊大夫，名嬰。聽，猶從也。真氏曰：「此十者，皆禮之當然。」君令而不違，臣共而不二，父慈而教，子孝而箴，兄愛而友，弟敬而順，夫和而義，妻柔而正，姑慈而從，婦聽而婉，禮之善物也。」共，音恭。○箴，諫也。從，不自專也。婉，順也。物，猶事也。真氏曰：「君以出令爲職，要必不違於理，然後人心服而令行。臣之事君，以恭爲本。然必忠誠不二，然後可貴。父慈而不能教，則敗其子，子孝而不能箴，則陷父於不義。兄能愛弟矣，必有切磋之益，如朋友之相資。弟能敬兄矣，必有和順之美，使情意之相親。夫之於妻，雖貴和樂，必以義而帥其妻。妻之於夫，雖貴柔順，必以正而事其夫。君臣以下，皆以二德相濟。姑之於婦，一於慈而從；婦之於姑，一於聽而婉者，蓋姑婦相與，專主於和柔也。此十者，於禮爲至善矣。」

○曾子曰：「親戚不説，不敢外交；近者不親，不敢求遠；小者不審，不敢言大。說，音悅。○親戚，謂父兄。外，謂外人。近，即内人。❶遠，即外人。小，謂家。大，謂國與天下。此三者，欲人先脩孝弟於家耳。故人之生也，百歲之中，有疾病焉，有老幼焉，故君子思其不可復者而先施焉。親戚既没，雖欲孝，誰爲孝？年既耆艾，雖欲悌，誰爲悌？故孝有不及，悌有不時，其斯之謂歟！」爲，去聲，下同。○六十曰耆，耆之言久也。五十曰艾，艾之言老也。其間有疾病老幼之變，不能常也。故君子思其養之不可復追，而及時先行之。若親没，則養不逮；己老，則兄不存，欲行孝弟，不

❶「内人」，霍刻本作「親戚」。

可得已。曾子曰：「木欲静而風不止，子欲養而親不逮。」此孝有不及之意也。❶李勣曰：「姊年老，勣亦老，雖欲數爲姊煑粥，得乎？」此悌有不時之意也。

○官怠於宦成，病加於小愈，禍生於懈惰，孝衰於妻子。察此四者，慎終如始。《詩》云：「靡不有初，鮮克有終。」宦成，官已遂也。小愈，病稍減也。懈惰，不謹也。《詩》，《大雅·蕩》之篇。靡，無。鮮，少。克，能也。有始無終，人之常情。能察能慎，斯免矣。

○荀子曰：「人有三不祥。幼而不肯事長，賤而不肯事貴，不肖而不肯事賢，是人之三不祥也。」荀子，名況，戰國人。祥，吉也。三者皆凶德，有一於是，災及其身矣。

○「無用之辯，不急之察，棄而不治。若夫君臣之義，父子之親，夫婦之别，則日切磋而不舍也。」别，必列反。○治，理也。舍，亦棄也。切以刀鋸，磋以鑪鍚，皆治骨角之事。無用之言而辯之，不急之務而察之，非惟無益，反害於心，故當棄而不理。若夫三綱之道，乃人倫之大者，則當朝夕講習，如切如磋，已精而益求其精，不可舍也。

右通論。通論五倫。

---

❶「有」，沈刻本作「友」。

小学集註卷之三

臣陳選集註

内　篇

敬身第三

敬身者，敬以持身也。許文正公曰：敬身之目，其別有四：心術、威儀、衣服、飲食。心術正乎内，威儀正乎外，則敬身之大體得矣。其衣服、飲食，所以奉身也。苟不制之以義，節之以禮，將見其所以養人者，反害於人也。分而言之，心術、威儀，脩德之事也。衣服、飲食，克己之事也。統而言之，皆敬身之要也。蓋惟敬身，故於父子、君臣、夫婦、長幼、朋友之間，無施而不可，此古人脩身，必本於敬矣。凡四十六章。

〇孔子曰：「君子無不敬也，敬身爲大。身也者，親之枝也，敢不敬與？❶不能敬其身，

❶「敢」，原誤作「敬」，今據《禮記》改。

是傷其親；傷其親，是傷其本；傷其本，枝從而亡。」與，平聲。○身之於親，猶木之有枝。親之於身，猶木之有本。仰聖模，景賢範，述此篇以訓蒙士。仰，慕也。景，猶向也。聖賢之言，爲天下後世法，故曰範模。

《丹書》曰：「敬勝怠者吉，怠勝敬者滅。義勝欲者從，欲勝義者凶。」《丹書》，書名，師尚父所以告武王者。敬，敬畏。怠，怠慢。滅，亡也。義者，天理之公。欲者，人欲之私。從，順也。真氏曰：「敬則萬善俱立，怠則萬善俱廢，義則理爲之主，欲則物爲之主，吉凶存亡之所繇兮也。」

○《曲禮》曰：「毋不敬，儼若思，安定辭，安民哉。黄氏曰：「毋，禁止辭。儼，矜莊貌。人之坐思，貌必儼然。安定，審也。毋不敬，正其心也。儼若思，正其貌也。安定辭，正其言也。安民哉，正己而物正也。」敖不可長，欲不可從，志不可滿，樂不可極。從，音縱。○敖者，矜己慢物之謂。欲，謂飲食男女之欲。馬氏曰：「敖不可長，必消而絶之。欲不可縱，必克而止之。志不可滿，必損而抑之。樂不可極，必約而歸於禮。」❶賢者狎而敬之，畏而愛之。愛而知其惡，憎而知其善。積而能散，安安而能遷。狎，謂素親狎。安安，謂安其所安。朱子曰：「此言賢者，於其所狎，能敬之；於其所畏，能愛之；於其所愛，能知其惡；於其所憎，能知其善。雖積財而能散施，雖安安而能遷義。可以爲法，與上下文禁戒之辭

❶「約」，霍刻本作「樂」。

不同。」臨財毋苟得，臨難毋苟免。狠毋求勝，分毋求多。難，去聲。○苟，苟且。分，分財。毋苟得，見利思義也。毋苟免，見危授命也。毋求勝，忿思難也。毋求多，患不均也。疑事毋質，直而勿有。」質，成也。事有疑，則闕之，不可以己意斷也。朱子曰：「兩句連説爲是。疑事毋質，即《少儀》所謂『毋身質言語』也。直而勿有，謂陳我所見，聽彼決擇，不可據而有之，專務强辯。不然，則是以身質言語也。」

○孔子曰：「非禮勿視，非禮勿聽，非禮勿言，非禮勿動。」此答顔淵問仁也。朱子曰：「非禮者，己之私也。勿者，禁止之辭。」又曰：「但有些箇不循道理處，便是非禮也。」

○「出門如見大賓，使民如承大祭。己所不欲，勿施於人。」此答仲弓問仁也。出門如賓，使民如祭，敬以持己也。己所不欲，勿施於人，恕以及物也。

○「居處恭，執事敬，與人忠，雖之夷狄，不可棄也。」處，上聲。○此答樊遲問仁也。之，往也。夷，東夷。狄，北狄。朱子曰：「恭主容，敬主事。恭見乎外，敬主乎中。雖之夷狄不可棄，勉其固守而勿失也。」蔡氏曰：「諸子問仁，而所答各異者，因其所稟之資而發也。」

○「言忠信，行篤敬，雖蠻貊之邦行矣。言不忠信，行不篤敬，雖州里行乎哉？」此答子張問行也。盡己之謂忠，以實之謂信。篤，厚也。篤敬，厚而敬也。蠻，南蠻。貊，北狄。二千五百家爲州，二十五家爲里。乎、哉，疑辭。

○「君子有九思：視思明，聽思聰，色思温，貌思恭，言思忠，事思敬，疑思問，忿思難，見得思義。」朱子曰：「視無所蔽，則明無不見。聽無所壅，則聰無不聞。色，見於面者。貌，舉一身而言。思問，則疑不蓄。思難，則忿必懲。思義，則得不苟。」

○曾子曰：「君子所貴乎道者三：動容貌，斯遠暴慢矣；正顏色，斯近信矣；出辭氣，斯遠鄙倍矣。」遠，去聲，下同。倍，音佩。○朱子曰：「貴，猶重也。容貌，舉一身而言。斯，猶即也。暴，粗厲也。慢，放肆也。信，實也。正顏色而近信，則非色莊也。辭，言語；氣，聲氣也。鄙，凡陋也。倍，與背同，謂背理也。言道雖無所不在，然君子所重者，在此三事而已。是皆脩身之要、爲政之本，學者所當操存省察而不可有造次顛沛之違者也。」

○《曲禮》曰：「禮不踰節，不侵侮，不好狎，脩身踐言，謂之善行。」好，去聲。行，去聲。○踰，越也。節，謂上下之等級。侵侮，侵犯而侮慢也。好狎，好爲褻狎也。三者，禮之所禁也。脩治其身，踐行其言，二者，行之善者也。然禮之實，亦不外是也。

○《樂記》曰：「君子姦聲亂色，不留聰明；淫樂慝禮，不接心術；惰慢邪辟之氣，不設於身體。使耳目鼻口、心知百體，皆繇順正，以行其義。」慝，音忒。辟，音僻。○姦聲亂色，聲色之不正者也。淫樂慝禮，禮樂之不正者也。不留聰明，謂不停於耳目。不接心術，謂不入於念慮。繇，從也。真氏曰：「君子之所以自養者無他，内外交致其功而已。姦聲亂色，不留聰明，養其外也。淫樂慝禮，不接心術，養其内也。惰慢之氣，自内出者也。邪辟之氣，自外入者也。二者不設於身體，如是則外而耳、目、鼻、口、百體，内而心知，皆繇順正，以行其義，自養之功畢矣。」

○孔子曰：「君子食無求飽，居無求安。敏於事而慎於言，就有道而正焉，可謂好學也已。」朱子曰：「不求安飽者，志有在而不暇及也。敏於事者，勉其所不足。慎於言者，不敢盡其所有餘也。然猶不敢自是，而必就有道之人，以正其是非，則可謂好學也矣。」

〇管敬仲曰：「畏威如疾，民之上也。從懷如流，民之下也。見懷思威，民之中也。」管敬仲，齊大夫，名夷吾。威，刑名也。❶疾，疾病也。懷，貪欲也。流，謂水之流。畏威如疾，懷刑之君子也。從懷如流，懷思之小人也。見懷思威，畏則君子，❷不畏則小人矣。

右明心術之要。

《冠義》曰：「凡人之所以爲人者，禮義也。冠，去聲。〇《冠義》，《禮記》篇名。人之所以異於禽獸者，以其有禮義也。冠者，成人之道，故以是責之。禮義之始，在於正容體，齊顏色，順辭令。容體正，顏色齊，辭令順，而後禮義備，以正君臣，親父子，和長幼。君臣正，父子親，長幼和，而後禮義立。」順，謂順理。立，猶成也。

〇《曲禮》曰：「毋側聽，毋噭應，毋淫視，毋怠荒。遊毋倨，立毋跛，坐毋箕，寢毋伏。斂

---

❶「名」，霍刻本、沈刻本作「法」。
❷「畏」，霍刻本作「思」。

髮毋髢，冠毋免。勞毋袒，暑毋褰裳。」噭，音叫。倨，音句。跛，音庇。髢，音替。袒，音但。褰，音牽。○側聽，側耳以聽也。噭應，高急以應也。淫視，流動而視也。怠荒，容止放縱也。遊，行也。倨，傲慢也。跛，偏任一足也。箕，兩展其足如箕也。伏，覆其身也。髢，髮也，言垂如髮也。免，脱去也。袒，露臂也。褰，揭也。袒衣所以息倦，褰裳所以取凉。凡此數者，皆不敬也。敬身之要，禁止乎此而已矣。

○「登城不指，城上不呼。呼，呼聲。○指則惑人之見，呼則惑人之聞。將適舍，求毋固。適舍，就主人之館也。有所求而堅欲得之，非爲客之道矣。將上堂，聲必揚。户外有二屨，言聞則入，言不聞則不入。上，上聲。屨，音句。聞，音問，下同。○陳氏曰：「上堂，升主人之堂也。揚其聲者，使内人知之也。古人脱屨在户外，客雖衆，脱屨於户内者，惟長者一人。言有二屨，則并户内一屨爲三人矣。三人而所言不聞於外，必是密謀，故不入也。」○古者即席則去屨，不以屨踐席。將入户，視必下。入户奉扃，視瞻毋回。户開亦開，户闔亦闔。有後入者，闔而勿遂。奉，音捧。扃，涓熒切。○陳氏曰：「入户，入主人之户也。視下，不舉目也。扃，門關木也。入户之時，兩手當心，如奉扃然。雖視瞻而不爲迴轉，嫌於干人之私也。開闔皆如前，不違主人之意也。遂，闔之盡也，嫌于拒後來者，故勿遂。」毋踐屨，毋踖席，摳衣趨隅，必慎唯諾。」踖，音迹。摳，苦侯切。唯，音委。○此即席之儀。踐屨，踏他人之屨也。踖席，躡他人之席也。摳，揭也。陳氏曰：「欲便於坐，故摳之。趨隅，繇席角而升坐也。唯、諾，皆應辭。既坐定，又當謹於應對也。」

○《禮記》曰：「君子之容舒遲，見所尊者齊遫。齊，莊皆切。遫，音速。○舒遲，閒雅也，燕居之容。齊遫，謹飭也，敬所尊之意。足容重，手容恭，目容端，口容止，聲容静，頭容直，氣容肅，立容德，色容莊。」重，舉欲遲也。恭，高且正也。端，不邪視也。止，不妄言也。静，不噦咳也。直，不傾顧也。❶肅，似不息也。德，謂中立不倚，儼然有德之氣象。莊，矜持之貌。朱子曰：「九者，皆敬之目。即此是涵養本原也。」

○《曲禮》曰：「坐如尸，立如齊。」齊，莊皆切。○尸以象神，齊以交神。朱子曰：「皆敬之目也。」

○《少儀》曰：「不窺密，不旁狎，不道故舊，不戲色。窺，覘人隱處。狎，與人褻狎。言知識之過失，爲戲侮之容色，皆非厚重之事。毋拔來，毋報往，拔，蒲末切。報，音赴。○拔、赴，❷皆疾也。朱子曰：「來、往，只是向背之意。言人見有箇好事，火急歡喜去做，這樣人不耐久，少間心懶意闌，則速去之矣。所謂其進鋭者，其退速也。」毋瀆神，毋循枉，毋測未至，毋瀆神，「敬鬼神而遠之」也。毋循枉，「過則勿憚改」也。毋測未至，「不逆詐，不億不信」也。毋訾衣服成器，毋身質言語。」訾，音子。○訾，毁也。人之衣服及已成之器，不可毁其不善也。質，成也。言語之際，疑則闕之，不可以己意斷也。

○《論語》曰：「車中不内顧，不疾言，不親指。」朱子曰：「内顧，回視也。三者皆失容，且惑

❶「顧」，霍刻本作「側」。
❷「赴」，霍刻本作「報」。

人。」○此章記孔子升車之容。

○《曲禮》曰：「凡視，上於面則敖，下於帶則憂，傾則姦。」敖，音傲。○呂氏曰：「上於面者其氣驕，知其不能下人矣。下於帶者其神奪，知其憂在乎心矣。視流則容側，必有不正之心存乎胸中矣。此君子之所慎也。」

○《論語》曰：「孔子於鄉黨，恂恂如也，似不能言者。恂，音荀。○朱子曰：「恂恂，信實之貌。似不能言者，謙卑遜順，不以賢知先人也。鄉黨，父兄宗族之所在，故孔子居之，其容貌辭氣如此。」其在宗廟朝廷，便便言，唯謹爾。❶朱子曰：「便便，辯也。宗廟，禮法之所在，朝廷，政事之所出，言不可以不明辯。故必詳問而極言之，但謹而不放爾。」朝，與下大夫言，侃侃如也；與上大夫言，誾誾如也。」誾，音銀。○朱子曰：「此君未視朝時也。侃侃，剛直也。誾誾，和悦而諍也。」○此章記孔子在鄉黨、宗廟、朝廷言貌之不同。

○「孔子食不語，寢不言。」朱子曰：「答述曰語，自言曰言。」范氏曰：「聖人存心不他，當食而食，當寢而寢，言語非其時也。」

○《士相見禮》曰：「與君言，言使臣。與大人言，言事君。與老者言，言使弟子。與幼

---

❶「爾」下，霍刻本有小字注「便平聲」。

者言，言孝弟於父兄。與衆言，言忠信慈祥。與居官者言，言忠信。」大人，即大夫也。老者，人之父兄。幼者，人之子弟。衆，謂衆人。❶居官者，謂上士至庶人在官者。言使臣則以禮，言事君則以忠，言使弟子則以慈愛。祥，猶善也。

○《論語》曰：「席不正不坐。」謝氏曰：「聖人心安於正，故於位之不正者，雖小不處。」

○「子見齊衰者，雖狎必變；見冕者與瞽者，雖褻必以貌。齊，音咨。衰，音崔。瞽，音古。褻，音屑。○齊衰，喪服也。狎，謂素親狎。變，謂變其容色。冕，有爵者。瞽，無目者。褻，謂燕見。貌，謂禮貌。范氏曰：「聖人之心，哀有喪，尊有爵，矜不成人。」凶服者式之，式負版者。」朱子曰：「式，車前横木。有所敬，則俯而憑之。負版，持邦國圖籍者。式此二者，哀有喪，重民數也。」

○《禮記》曰：「若有疾風迅雷甚雨則必變；雖夜必興，衣服冠而坐。」迅，音信。○迅，急也。變，謂變其容色。興，起也。皆所以敬天之怒。

○《論語》曰：「寢不尸，居不容。」尸、屍通用。○朱子曰：「尸，謂偃卧似死人也。居，居家。容，容儀。」○此章記孔子之事。

○「子之燕居，申申如也，夭夭如也。」朱子曰：「燕居，閑暇無事之時。」楊氏曰：「申申，其容舒也。夭夭，其色愉也。」程子曰：「今人燕居之時，不怠惰放肆，必太嚴厲。」「唯聖人便自有中和之氣。」

❶「衆」，霍刻本作「庶」。

○《曲禮》曰：「並坐不橫肱，授立不跪，授坐不立。」肱，姑橫切。○肱，臂也。不橫肱，爲妨並坐者。❶授，以物與人也。不跪不立，爲不便於受者。

○「入國不馳，入里必式。」吴氏曰：「國，國都。馳，馳驟車馬也。不馳者，恐傷人也。二十五家爲里。式，説見前章。必式者，恐里中有賢人也。」

○《少儀》曰：「執虛如執盈，入虛如有人。」執虛器，如執盈滿之器。入虛室，如入有人之室。敬心常存也。

○《禮記》曰：「古之君子必佩玉，右徵角，左宫羽，徵，音止。○佩玉，比德也。徵角宫羽，玉聲所中也。左右之分，互文耳。不言商者，亦以文不偶而遺之也，必求其取義，則泥矣。趨以《采薺》，行以《肆夏》，周還中規，折還中矩，進則揖之，退則揚之，然後玉鏘鳴也。故君子在車則聞鸞和之聲，行則鳴佩玉，是以非辟之心無自入也。」薺，音慈。還，音旋，下同。中，音衆，下同。辟，音僻。○自，繇也。通上文而言，君子以禮樂養其心，故非違邪僻之心無繇而入也。朱子曰：「周旋，是直去了却回來，其回轉處，欲其圓如規也；折旋，是直去了復橫去，其橫轉處，欲其方如矩也。」陳氏曰：「路寢門外至應門曰趨，趨則歌《采薺》之詩以爲節。路寢門内至堂曰行，行則歌《肆夏》之詩以爲節。進而前，則其身略俯，故曰揖。退而後，則其身微仰，故曰揚。進退俯仰，皆得其節，故佩玉之聲鏘然而鳴焉。鸞、和，皆

---

❶「爲」，霍刻本作「謂」。

車上之鈴也。」方氏曰：「心雖在內，有物引之而出。及其久也，則與物俱入矣。」

○《射義》曰：「射者，進退周還必中禮。內志正，外體直，然後持弓矢審固；持弓矢審固，然後可以言中。此可以觀德行矣。」還，音旋。中，音衆。行，去聲。○《射義》，《禮記》篇名。方氏曰：「進退者，升降之節。周還者，揖讓之容。內志正，然後持弓矢審；外體直，然後持弓矢固。惟固也，故其力能至；惟審也，故其巧能中。」○動必合禮而志正體直，有德行者也。故曰「可以觀德行」也。

右明威儀之則。

《士冠禮》：「始加，祝曰：『令月吉日，始加元服。棄爾幼志，順爾成德。壽考維祺，介爾景福。』冠，音貫。令，去聲。祺，音其。○《士冠禮》，《儀禮》篇名。古者二十而冠。筮日筮賓，三加而三祝之。始加用緇布冠。令、吉，皆善也。元，首也。元服，謂冠也。爾，汝；順，從；祺，祥也。介、景，皆大也。棄童幼之志，而從成人之德，斯有壽考之祥，而介大福矣。再加，曰：『吉月令辰，乃申爾服。敬爾威儀，淑慎爾德。眉壽萬年，永受胡福。』再加用皮弁。辰，時也。申，重也。有威而可畏，謂之威；有儀而可象，謂之儀。淑，善也。眉壽，老人以秀眉爲壽徵也。胡，猶遐也。敬威儀而善謹其德，則眉壽萬年，而永享遐福矣。三加，曰：『以歲之正，以月之令，咸加爾服，兄弟具在，以成厥德。黄耇無疆，受天之慶。』」耇，音苟。疆，音姜。○三加用爵弁。正，猶善也。咸，猶盡也。兄弟具在，祝其無故也。黄，謂髮白而復黄；耇，凍梨也，老人面色如之，皆壽徵也。疆，猶限也。德既成，則有無疆之壽，而受天之福慶也。

○《曲禮》曰：「爲人子者，父母存，冠衣不純素。孤子當室，冠衣不純采。」純，音准，下同。○冠飾衣緣，皆曰純。不純素，樂也。不純采，哀也。幼而無父曰孤。當室，爲父後者，雖除喪猶純素，加隆也。衆子則否。

○《論語》曰：「君子不以紺緅飾，紺，古暗切。緅，音鄒。○朱子曰：「君子，謂孔子。紺，深青揚赤色，齊服也。緅，絳也，三年之喪，以飾練服者。飾，領緣也。」張氏曰：「紺緅不以飾，重喪祭也。」紅紫不以爲褻服。朱子曰：「紅紫，間色不正，且近於婦人女子之服也。褻服，私居服也。」當暑，袗絺綌，必表而出之。」袗，音軫。絺，音笞。綌，乞逆切。○朱子曰：「袗，單也。葛之精者曰絺，麤者曰綌。表而出之，謂先著裏衣，表絺綌而出之於外，欲其不見體也。」

○「去喪，無所不佩。」去，上聲。○朱子曰：「君子無故，玉不去身。觿礪之屬，亦皆佩也。」

○「孔子羔裘玄冠，不以弔。」羔裘，用黑羔皮爲之。玄，黑色。朱子曰：「喪主素，吉主玄。弔必變服，所以哀死。」○此三章，皆記孔子衣服之制。

○《禮記》曰：「童子不裘不帛，不屨絇。」屨，音句。絇，音劬。○絇，屨頭飾。不裘不帛，不備服也；不屨絇，不盡飾也，皆以其未成人也。

○孔子曰：「士志於道而恥惡衣惡食者，未足與議也。」朱子曰：「心欲求道，而以口體之奉不若人爲恥，其識趣之卑陋甚矣，何足與議於道哉？」

右明衣服之制。

《曲禮》曰：「共食不飽，共飯不澤手。飯，上聲。○食者，所食非一品。飯者，止飯而已。共食而求飽，非讓道也。古之飯者以手，共飯而手有汗澤，人將惡之矣。毋摶飯，毋放飯，毋流歠，摶，音團。上「飯」去聲，下「飯」音反。歠，昌悦切。○取飯作摶，則易得多，是欲争飽也。放飯，大飯，食無節也。流歠，長歠，飲無節也。毋咤食，毋齧骨，毋反魚肉，毋投與狗骨，毋固獲，咤，丑亞切。齧，魚列切。○咤，謂以舌作聲。反，謂還之器中。固獲，謂必欲取之。毋咤食，毋齧骨，皆嫌不謹也。毋反魚肉，爲已歷口，人所穢也。毋投與狗骨，慮其相噬也。毋固獲，嫌貪食也。毋揚飯。飯黍毋以箸，上「飯」去聲，下「飯」音反。箸，音住。○陳氏曰：「揚，謂散其熱氣，嫌欲食之急也。毋以箸，取匙之便也。」毋嚃羹，毋絮羹，毋刺齒，毋歠醢。客絮羹，主人辭不能烹。客歠醢，主人辭以窶。嚃，音塔。絮，音處。刺，音戚。歠，昌悦切，下同。醢，音海。窶，音巨。○嚃，謂羹有菜，以口嚃食之。絮，謂羹無味，就器調和之。刺，猶剔也。歠，謂詳味之。毋嚃羹，宜以箸也。毋刺齒，亦嫌不謹也。毋絮羹，毋歠醢，皆惡貪味也。辭不能烹煑，辭以貧窶，蓋主人不當正客之失，但遜謝之而已。濡肉齒決，乾肉不齒決，毋嘬炙。」濡，音如。

乾，音干。嘬，初怪切。炙，音柘。○濡，濕也。決，斷也。乾肉，脯類。濕肉以齒斷之，乾肉以手治之，各有宜也。炙，炙肉。一食盡臠曰嘬。毋嘬炙，謂宜以漸食之。

○《少儀》曰：「侍燕於君子，則先飯而後已。毋放飯，毋流歠，小飯而亟之。數噍，毋爲口容。」飯，音反，下俱同。亟，音擊。數，音朔。噍，在笑切。○君子，三達尊之稱。先飯者，嘗食之禮。後已者，勸食之意。放飯、流歠，説見前章。小口而飯，備嘁噎也。亟疾而噍，備見問也。數數而嚼，易至於弄口爲容，故又以爲戒。

○《論語》曰：「食不厭精，膾不厭細。食，音似。膾，音檜。○朱子曰：「食，飯也。精，鑿也。牛羊與魚之腥，聶而切之爲膾。食精則能養人，膾麤則能害人。不厭，言以是爲善，非謂必欲如是也。」食饐而餲，魚餒而肉敗不食，色惡不食，臭惡不食，失飪不食，不時不食，食，音似。饐，於計切。餲，於賣切。餒，奴罪切。飪，而甚切。○臭，氣也。朱子曰：「饐，飯傷熱濕也。餲，味變也。魚爛曰餒。肉腐曰敗。色惡臭惡，未敗而色臭變也。飪，烹調生熟之節也。不時，五穀不成、果實未熟之類。此數者皆足以傷人，故不食。」割不正不食，不得其醬不食。朱子曰：「割肉不方正者不食，造次不離於正也。」「食肉用醬，各有所宜，不得則不食，惡其不備也。此二者，無害於人，但不以耆味而苟食耳。」肉雖多，不使勝食氣。唯酒無量，不及亂。食，音似。○朱子曰：「食以穀爲主，故不使肉勝食氣。酒以爲人合懽，故不爲量，但以醉爲節而不及亂耳。」沽酒市脯不食。朱子曰：「沽、市，皆買也。恐不精潔，或傷人也。」不撤薑食，撤，直列切。○撤，去也。朱子曰：「薑，通神明，去穢惡，故不撤。」不多食。」朱子曰：「適可而止，無貪心也。」此一節，記孔子飲食之節。

○《禮記》曰：「君無故不殺牛，大夫無故不殺羊，士無故不殺犬豕。君子遠庖廚，凡有血氣之類，弗身踐也。」豕，音矢。遠，去聲。踐，當作翦。○故，謂祭祀及賓客之禮。庖，宰殺之所。廚，烹飪之所。身，親也。翦，殺也。❶

○《樂記》曰：「豢豕爲酒，非以爲禍也，而獄訟益繁，則酒之流生禍也。是故先王因爲酒禮，一獻之禮，賓主百拜，終日飲酒而不得醉焉，此先王之所以備酒禍也。」豢，音患。○豢，養也。爲，造也。獄訟益繁，爲小人乘醉相侵，以致獄訟滋多也。士之酒禮，惟行一獻。百拜，言多也。酒所以合懽，先王因其生禍，而制禮以防之，蓋通乎上下，《記》特舉士以例其餘耳。

○孟子曰：「飲食之人則人賤之矣，爲其養小以失大也。」爲，去聲。○飲食之人，專養口腹者也。小，謂口腹；大，謂心志。

右明飲食之節。

❶「剪」，霍刻本作「踐」。

小學集註卷之四

臣陳選集註

内　篇

稽古第四

稽，考也。考虞、夏、商、周聖賢已行之迹，以證前篇立教、明倫、敬身之言也。凡四十七章。

○孟子道性善，言必稱堯舜。朱子曰：「道，言也。性者，人所稟於天以生之理也，渾然至善，未嘗有惡。人與堯舜初無少異，但衆人汩没於私欲而失之，堯舜則無私欲之蔽而能充其性爾。故孟子每道性善，而必稱堯舜以實之，欲人知仁義不假外求，聖人可學而至，而不懈於用力也。」其言曰：「舜爲法於天下，可傳於後世。我猶未免爲鄉人也，是則可憂也。憂之如何？如舜而已矣。」其，指孟子也。朱子曰：「法者，人倫而已。鄉人，鄉里之常人也。」摭往行，實前言，述此篇使讀者有所興起。摭，音只。○摭，猶采也。實，猶證也。興起，謂感動奮發而爲善也。

太任，文王之母，摯任氏之中女也，王季娶以爲妃。摯，音至。中，音仲。○太，尊稱。任，姓。文王，周國之君。摯，國名。中女，次女。王季，文王之父。太任之性，端一誠莊，惟德之行。及其娠文王，目不視惡色，耳不聽淫聲，口不出敖言。娠，音身。敖，音傲。○端正、純一、誠實、莊肅，性之美也。惟德是行，行之美也。娠，妊也。生文王而明聖，太任教之以一而識百，卒爲周宗。始受命曰宗。太任性行既美，又能胎教，故文王之生，明無不照，聖無不通，教之以一，即能識百，後爲周家始受命之君也。君子謂太任爲能胎教。此摭太任之行，以實首篇胎教之言，後皆放此。然或詳或略，未必盡同，讀者宜求其大意焉。

○孟軻之母，其舍近墓。孟子之少也，嬉戲爲墓間之事，踊躍築埋。孟母曰：「此非所以居子也。」乃去。舍市，其嬉戲爲賈衒。孟母曰：「此非所以居子也。」乃徙。舍學宮之旁，其嬉戲乃設俎豆，揖讓進退。孟母曰：「此真可以居子矣。」遂居之。賈，音古。衒，音炫。○軻，孟子名。舍，居也。踊躍，哭狀。築埋，葬事。坐而賣曰賈，行而賣曰衒。徙，遷也。俎豆，禮器。揖讓進退，禮容。孟子幼時，問東家殺猪何爲，母曰：「欲啖汝。」既而悔曰：「吾聞古有胎教，今適有知而欺之，是教之不信。」乃買猪肉以食之。啖，音炎。食，音似。○啖，食也。欲啖汝，戲答之也。適，猶方也。欺，誑也。信，實也。買肉食之，以見前言之非誑。既長就學，遂成大儒。趙氏曰：「孟子夙喪父，幼被慈母三遷之教。長師孔子之孫子思，通五經，著書七篇，命世亞聖之大才也。」

○孔子嘗獨立，鯉趨而過庭，曰：「學《詩》乎？」對曰：「未也。」「不學《詩》，無以言。」鯉退而學《詩》。鯉，孔子之子，字伯魚。朱子曰：「事理通達，而心氣和平，故能言。」他日又獨立，鯉趨而過庭，曰：「學《禮》乎？」對曰：「未也。」「不學《禮》，無以立。」鯉退而學《禮》。朱子曰：「品節詳明，而德性堅定，故能立。」

○孔子謂伯魚曰：「女爲《周南》《召南》矣乎？人而不爲《周南》《召南》，其猶正牆面而立也與！」女，音汝。召，音邵。與，平聲。○朱子曰：「爲，猶學也。《周南》《召南》，《詩》首篇名，所言皆脩身齊家之事。正牆面而立，言即其至近之地，而一物無所見，一步不可行。」

右立教。

虞舜父頑，母嚚，象傲，克諧以孝，烝烝乂不格姦。嚚，音銀。○蔡氏曰：「虞，氏；舜，名也。舜父，號瞽叟。心不則德義之經爲頑。母，舜後母也。口不道忠信之言爲嚚。象，舜異母弟名。傲，驕慢也。克，能也。諧，和也。烝，進也。乂，治也。格，至也。言舜不幸遭此，而能和以孝，使之進進以善自治，而不至於大爲姦惡也。」

○萬章問曰：「舜往于田，號泣于旻天，何爲其號泣也？」孟子曰：「怨慕也。我竭力耕田，共爲子職而已矣。父母之不我愛，於我何哉？」號，平聲。旻，音民。共，音恭。○萬章，孟子弟子。朱子曰：「舜往于田，耕歷山時也。仁覆憫下，謂之旻天。號泣于旻天，呼天而泣也。怨慕，怨己之不得其親而思慕之也。於我何哉，自責不知己有何罪耳，非怨父母也。」帝使其子九男二女，百官牛羊倉廩備，以事舜於畎畝之中，天下之士多就之者，帝將胥天下而遷之焉。爲不順於父母，如窮人無所歸。爲，去聲。○朱子曰：「帝，堯也。《史記》云：『二女妻之，以觀其內。九男事之，以觀其外。』又言：『一年所居成聚，二年成邑，三年成都。』是天下之士就之也。胥，相視也。遷之，移以與之也。如窮人無所歸，言其怨慕迫切之甚也。」天下之士悦之，人之所欲也，而不足以解憂。好色，人之所欲，妻帝之二女而不足以解憂。富，人之所欲，富有天下而不足以解憂。貴，人之所欲，貴爲天子而不足以解憂。人悦之、好色、富、貴，無足以解憂者，惟順於父母可以解憂。好、妻，並如字。○朱子曰：「孟子推舜之心如此，以解上文之意。言極天下之欲，不足以解憂；而惟順於父母，可以解憂。孟子真知舜之心哉！」人少則慕父母，知好色則慕少艾，有妻子則慕妻子，仕則慕君，不得於君則熱中。大孝終身慕父母。五十而慕者，予於大舜見之矣。」少，去聲，下同。好，去聲。○朱子曰：「常人之情，因物有遷，惟聖人爲能不失其本心也。艾，美好也。不得，失意也。熱中，躁急心熱也。言五十者，舜攝政時年五十也。五十而慕，則其終身慕可知矣。此章言舜不以得衆人之所欲爲己樂，而以不順乎親之心爲己憂。非聖人之盡性，其孰能之？」

○楊子曰：「事父母自知不足者，其舜乎！不可得而久者，事親之謂也。孝子愛日。」

楊子，名雄，西漢人。自知不足者，舜雖已順其親，而其心常若不足也。愛日者，惜此日之易過，懼來日之無多，而不得久事其親也。

○文王之爲世子，朝於王季，日三。雞初鳴，而衣服至於寢門外，問内豎之御者曰：「今日安否何如？」内豎曰：「安。」文王乃喜。及日中又至，亦如之。及莫又至，亦如之。朝，音潮。豎，音樹。○國君之適子曰世子。内庭之小臣曰内豎。御，直日者。其有不安節，則内豎以告文王，文王色憂，行不能正履。王季復膳，然後亦復初。食上，必在視寒暖之節。食下，問所膳。命膳宰曰：「末有原。」應曰：「諾。」然後退。履，音理。上，上聲。○不安節，謂有疾，不能循其起居飲食之常也。履，蹈地也。復膳，飲食安節也。復初，其憂解也。在，察也。進食，則察視寒暖之節，如飯宜温、羹宜熱之類。食畢而徹，則問所食之多寡。末，猶勿也。原，再也。謂所食之餘，不可再進也。

○文王有疾，武王不説冠帶而養。文王一飯，亦一飯；文王再飯，亦再飯。説，音脱。養，去聲。飯，音反，下同。○武王，文王之子。

○孔子曰：「武王、周公，其達孝矣乎！夫孝者，善繼人之志，善述人之事者也。周公，文王之子，武王之弟。朱子曰：「達，通也。言武王、周公之孝，乃天下之人通謂之孝也。」○志者，事之未成者也。事者，志之已成者也。繼，則續而成之。述，則循而行之。踐其位，行其禮，奏其樂，敬其所尊，愛其所親，事死如事生，事亡如事存，孝之至也。」朱子曰：「踐，猶履也。其，指先王也。所尊所親，先王之祖考、子孫、臣庶也。始死謂之死，既葬則曰反而亡焉，皆指先王也。此皆繼志述事之意也。」

○淮南子曰：「周公之事文王也，行無專制，事無繇己。身若不勝衣，言若不出口。有奉持於文王，洞洞屬屬，如將不勝，如恐失之。可謂能子矣。」行，去聲。勝，音升，下同。奉，音捧。屬，音竹。○淮南子，漢淮南王劉安也。奉持，執物以進也。能子，能盡子道也。餘見《明倫》。

○《孟子》曰：「曾子養曾皙，必有酒肉。將徹，必請所與。問有餘，必曰『有』。曾皙死，曾元養曾子，必有酒肉。將徹，不請所與。問有餘，曰『亡矣』，將以復進也。此所謂養口體者也。若曾子，則可謂養志也。養，去聲，下同。徹，直列切，下同。亡，音無。復，扶又切。○朱子曰：「曾皙，名點，曾子父也。曾元，曾子子也。曾子養其父，每食必有酒肉。食畢將徹去，必請於父曰：『此餘者與誰？』或父問此物尚有餘否，必曰『有』，恐親意更欲與人也。曾元不請所與，雖有言無，其意將以復進於親，不欲其與人也。此但能養父母之口體而已。曾子則能承順父母之志，而不忍傷之也。」事親若曾子者，可也。」朱子曰：「言當如曾子之養志，不可如曾元但養口體。」

○孔子曰：「孝哉閔子騫！人不間於其父母昆弟之言。」間，去聲。○閔子騫，孔子弟子，名損。胡氏曰：「父母兄弟稱其孝友，人皆信之，無異辭者，蓋其孝友之實，有以積於中而著於外，故夫子嘆而美之。」

○老萊子孝奉二親，行年七十，作嬰兒戲，身著五色斑斕之衣。嘗取水上堂，詐跌仆臥地，爲小兒啼。弄雛於親側，欲親之喜。著，音酌。跌，音迭。仆，音付。○老萊子，楚人也。五色，青、赤、黄、白、黑也。仆，僵倒也。雛，謂鳥雛。吴氏曰：「恐父母見子之老而生悲感，❶故爲是以樂其心也。」

○樂正子春下堂而傷其足，數月不出，猶有憂色。門弟子曰：「夫子之足瘳矣，數月不出，猶有憂色，何也？」瘳，音抽。○樂正，姓；子春，名，曾子弟子。瘳，愈也。樂正子春曰：「善如爾之問也！善如爾之問也！吾聞諸曾子，曾子聞諸夫子曰：『天之所生，地之所養，惟人爲大。父母全而生之，子全而歸之，可謂孝矣。不虧其體，不辱其身，可謂全矣。』故君子頃步而不敢忘孝也。今予忘孝之道，予是以有憂色也。頃，苦猥切，❷亦作跬，亦作跬。○大，猶貴也。一舉足爲頃，再舉足爲步。方氏曰：「不虧其體，所以全其形。不辱其身，所以全其德。」一舉足而不敢忘父母，是故道而不徑，舟而不游，不敢以先父母之遺體行殆。一出言而不敢忘父母，是故惡言不出於口，忿言不反於身。不辱其身，不羞其親，可謂孝矣。」道，大路也。徑，小路也。游，浮水也。忿，恨怒也。繇道而不繇徑，繇舟而不繇水，不敢以先父母之遺體，行歷於危殆故也。己之惡言，不出於口，故人之忿言，不反於身。忿言不反，則不辱身、不羞親矣。

---

❶「感」，霍刻本作「戚」。

❷「苦猥」，霍刻本、沈刻本作「欽永」。

○伯俞有過，其母笞之，泣。其母曰：「他日笞，子未嘗泣。今泣，何也？」對曰：「俞得罪，笞常痛。今母之力不能使痛，是以泣。」伯俞，姓韓，名俞。得罪，謂他日得罪也。伯俞之泣，悲母力之衰耳。故曰：「父母怒之，不作於意，不見於色，深受其罪，使可哀憐，上也。父母怒之，不作於意，不見於色，其次也。父母怒之，作於意，見於色，下也。」見，音現，下同。○「故曰」以下，劉向論也。意發於心，色見於面。

○公明宣學於曾子，三年不讀書。曾子曰：「宣，而居參之門，三年不學，何也？」公明，姓；宣，名，曾子弟子。公明宣曰：「安敢不學？宣見夫子居庭，親在，叱咤之聲未嘗至於犬馬。宣説之，學而未能。宣見夫子之應賓客，恭儉而不懈惰。宣説之，學而未能。宣見夫子之居朝廷，嚴臨下而不毀傷。宣説之，學而未能。宣説此三者，學而未能。宣安敢不學而居夫子之門乎？」叱，尺栗切。咤，丑亞切。説，音悦，下同。懈，音戒。○夫子，謂曾子。庭，中庭也。叱咤，怒聲也。恭，莊敬也。儉，節制也。朝廷，外庭也。不毀傷，謂不毀傷其下。讀書，學文之事。孝、敬、慈，力行之事。《論語》曰：「行有餘力，則以學文。」

○少連、大連善居喪，三日不怠，三月不解，期悲哀，三年憂，東夷之子也。少，去聲。解，音懈。期，音朞。○此孔子之言。三日，親始死時也。怠，惰也。不怠，如水漿不入口之類。三月，親未葬時也。懈，倦也。不解，如哀至則哭之類。期，周一年也。悲哀，如朝夕哭之類。憂，謂憂戚憔悴。二子居喪如此，非惟進於中國，而且善於禮矣，故孔子稱而表之。

○高子皐之執親之喪也，泣血三年，未嘗見齒。君子以爲難。見，音現。○子皐，孔子弟子，名柴。無聲出涕曰泣血。見齒，笑也。

○顔丁善居喪：始死，皇皇焉，如有求而弗得。既殯，望望焉，如有從而弗及。既葬，慨然如不及。其反而息。顔丁，魯人。皇皇，猶彷徨。求，謂求其親。望望，仰思貌。從，謂從其親。慨，感悵意。息者，待也，待其反也。皆不忍死其親之至情也。

○曾子有疾，召門弟子曰：「啓予足！啓予手！《詩》曰：『戰戰兢兢，如臨深淵，如履薄冰。』而今而後，吾知免夫，小子！」夫，音扶。○朱子曰：「啓，開也。曾子平日以爲身體受於父母，不敢毁傷，故於此使弟子開其衾而視之。《詩》，《小旻》之篇。戰戰，恐懼；兢兢，戒謹；臨深，恐墜；履冰，恐陷也。曾子以其所保之全示門人，而言其所以保之之難如此；至於將死，而後知其得免於毁傷也。小子，門人也。語畢而又呼之，以致反覆丁寧之意，其警之也深矣。」范氏曰：「身體猶不可虧也，況虧其行以辱其親乎！」

○箕子者，紂親戚也。紂始爲象箸，箕子歎曰：「彼爲象箸，必爲玉杯。爲玉杯，則必思遠方珍怪之物而御之矣。輿馬宫室之漸自此始，不可振也。」箕，國名。子，爵也。紂之諸父。紂，商王受也。御，用也。振，救也。紂爲淫泆，箕子諫，紂不聽而囚之。人或曰：「可以去矣。」

箕子曰：「爲人臣，諫不聽而去，是彰君之惡而自說於民，吾不忍爲也。」乃被髮佯狂而爲奴，遂隱而鼓琴以自悲，故傳之曰「箕子操」。泆，音逸。說，音悦。佯，音羊。○淫，貪欲。泆，放蕩。如嬖妲己、爲酒池肉林之類。囚，拘繫也。傳曰：「囚箕子以爲奴。」彰，著也。佯，詐也。操，琴曲也。王子比干者，亦紂之親戚也。見箕子諫不聽而爲奴，則曰：「君有過而不以死争，則百姓何辜？」乃直言諫紂。紂怒曰：「吾聞聖人之心有七竅，信有諸乎？」乃遂殺王子比干，刳視其心。争，去聲。竅，苦弔切。刳，音枯。○王子比干，亦紂諸父。辜，罪也。何辜，言無罪而被虐也。刳，剖也。微子曰：「父子有骨肉，而臣主以義屬。故父有過，子三諫而不聽，則隨而號之。人臣三諫而不聽，則其義可以去矣。」於是遂行。屬，音竹。號，平聲。○微，國名。子，爵也。紂庶兄。屬，聯續也。行，所以存宗祀也。孔子曰：「殷有三仁焉。」朱子曰：「三人之行不同，而同出於至誠惻怛之意，故皆不咈乎愛之理，而有以全其心之德也。❶」

○武王伐紂，伯夷、叔齊叩馬而諫。左右欲兵之，太公曰：「此義人也。」扶而去之。伯夷、叔齊，孤竹君之二子。叩馬，當馬之前也。兵，猶殺也。太公，吕望也。夷齊之諫曰：「以臣弑君，可謂

---

❶「有以」，沈刻本作「以有」。

義乎？❶」故太公以爲義人。扶，猶掖也。武王已平殷亂，天下宗周，而伯夷、叔齊恥之，義不食周粟，隱於首陽山，採薇而食之，遂餓而死。武王處一時之大權，二子守萬世之大經，各一義也。

○衛靈公與夫人夜坐，聞車聲轔轔，至闕而止，過闕復有聲。公問夫人曰：「知此爲誰？」夫人曰：「此蘧伯玉也。」公曰：「何以知之？」夫人曰：「妾聞禮下公門，式路馬，所以廣敬也。夫忠臣與孝子，不爲昭昭信節，不爲冥冥惰行。蘧伯玉，衛之賢大夫也，仁而有智，敬於事上，此其人必不以闇昧廢禮，是以知之。」公使人視之，果伯玉也。轔，音鄰。蘧，音劬。夫，音扶。爲，去聲，下同。信，音伸。行，去聲。闇，音暗。○衛，國名。靈公，衛君，名元。闕，君門。蘧伯玉，衛大夫，名瑗。下者，下車以過也。公門，亦君門。式，説見《敬身》。路，大也。君馬曰路馬，大之也。廣敬，推廣其敬也。昭昭，顯明也。冥冥，隱暗也。忠臣之事君也如事親，孝子之事親也如事天，豈以人知而信節，人不知而惰行乎？

○趙襄子殺智伯，漆其頭以爲飲器。智伯之臣豫讓欲爲之報讎，乃詐爲刑人，挾匕首入襄子宮中塗厠。左右欲殺之，襄子曰：「智伯死無後，而此人欲爲報讎，真義士也。吾謹避之耳。」「欲爲」之「爲」，去聲。讎，音求。匕，音比。○襄子，名無恤；智伯，名瑶，皆晉大夫。飲器，或云

❶「義」，霍刻本、沈刻本作「仁」。

飲酒之器，或云溲溺之器，未詳孰是。刑人，有罪被刑而執役者。❶匕首，短劍也，其首類匕。塗廁，謂以泥塗墁溷厠之牆壁。讓之爲此謀，欲以殺襄子也。左右，謂襄子從者。讓又漆身爲癩，吞炭爲啞，行乞於市，其妻不識也。其友識之，爲之泣曰：「以子之才，臣事趙孟，必得近幸，子乃爲所欲爲，顧不易邪？何乃自苦如此？」讓曰：「委質爲臣而求殺之，是二心也。吾所以爲此者，將以愧天下後世之爲人臣而懷二心者也。」癩，音賴。啞，倚下切。「爲之」之「爲」，去聲。易，音異。○爲癩爲啞而行乞，欲人不識，得以殺襄子也。識，謂識其形容。一説謂識其志意在於報仇。趙孟，即襄子。顧，猶反也。爲所欲爲謂殺襄子。委質，猶屈膝也，即致身之意。後又伏於橋下，欲殺襄子，襄子殺之。讓之死，舍生取義也。真可以愧天下後世之爲人臣而懷二心者矣。

○王孫賈事齊湣王，王出走，賈失王之處。其母曰：「女朝去而晚來，則吾倚門而望。女暮出而不還，則吾倚閭而望。女今事王，王出走，女不知其處，女尚何歸？」走，去聲。女，音汝，下俱同。○王孫，姓；賈，名，齊大夫。湣王，名地。❷燕破齊，王走莒，爲楚人淖齒所殺。門，謂家之門。閭，謂巷之門。王孫賈乃入市中，曰：「淖齒亂齊國，殺湣王。欲與我誅齒者，袒右。」市人從之

❶「執」，霍刻本作「拍」。

❷「地」，霍刻本作「也」，沈刻本作「池」。

者四百人，與誅淖齒，刺而殺之。淖，音鬧。袒，音但。刺，音戚。○淖，姓；齒，名，齊相也。袒右，袒露右臂也。從之，謂袒右也。

○臼季使，過冀，見冀缺耨，其妻饁之，敬，相待如賓。與之歸，言諸文公曰：「敬，德之聚也。能敬必有德。德以治民，君請用之。臣聞出門如賓，承事如祭，仁之則也。」文公以爲下軍大夫。使，去聲。過，平聲。耨，乃豆切。饁，音葉。○臼季，晉大夫，名胥臣。文公，晉君，名重耳。冀，邑名。缺，人名。郤其姓也。耘田曰耨，野饋曰饁。能敬則心存，心存則理得，故敬爲德之聚。脩己可以安百姓，故曰德以治民。出門如賓，承事如祭，敬也。以是爲則而持守之，則私意無所容而心德全矣。下軍大夫，官名。

○公父文伯之母，季康子之從祖叔一無「叔」字。母也。康子往焉，䦱門而與之言，皆不踰閾。仲尼聞之，以爲别於男女之禮。父，音府。從，去聲。䦱，音委。閾，音域。○公父文伯，魯大夫，名歜。其母敬姜也。季康子，亦魯大夫，名肥。往，謂往而見之也。䦱，開也。閾，門限也。敬姜不踰閾而出，康子不踰閾而入，故曰皆不踰閾。

○衛共姜者，衛世子共伯之妻也。共伯蚤死，共姜守義，父母欲奪而嫁之，共姜不許，作《栢舟》之詩，以死自誓。共，音恭，下同。○衛，國名。姜，齊姓。歸共伯，故曰共姜。夫死不嫁，義也。奪謂奪其守義之志。《栢舟》之詩曰「之死矢靡他」，是以死自誓也。

○蔡人妻，宋人之女也。既嫁而夫有惡疾，其母將改嫁之。女曰：「夫之不幸，乃妾之不幸也，奈何去之？適人之道，一與之醮終身不改。不幸遇惡疾，彼無大故，又不遣妾，何以得去？」終不聽。其母，女之母也。酌而無酬酢曰醮，蓋婚禮贊者三酌壻婦而不酬酢也。彼，指夫。大故，謂惡逆。婦人自稱曰妾。聽，猶從也。

○萬章問曰：「象日以殺舜爲事，立爲天子則放之，何也？」孟子曰：「封之也，或曰放焉。仁人之於弟也，不藏怒焉，不宿怨焉，親愛之而已矣。」朱子曰：「放，猶置也；置之於此，❶使不得去也。萬章疑舜何不誅之，孟子言舜實封之，而或者誤以爲放也。」「藏怒，謂藏匿其怒。宿怨，謂留宿其怨。」饒氏曰：「仁人之於弟，雖有怒亦不藏之，雖有怨亦不留之。少間，心便釋然。」孟子曰：「親之，欲其貴也；愛之，欲其富也。封之有庳，富貴之也。」

○伯夷、叔齊，孤竹君之二子也。父欲立叔齊。及父卒，叔齊讓伯夷。伯夷曰：「父命也。」遂逃去。叔齊亦不肯立而逃之。國人立其中子。中，音仲。○孤竹，國名。朱子曰：「伯夷以父命爲尊，叔齊以天倫爲重。」

○虞、芮之君相與爭田，久而不平，乃相謂曰：「西伯，仁人也。盍往質焉？」乃相與朝

---

❶「於」，沈刻本作「如」。

周。入其境，則耕者讓畔，行者讓路；入其邑，男女異路，斑白不提挈；入其朝，士讓爲大夫，大夫讓爲卿。二國之君感而相謂曰：「我等小人，不可以履君子之庭。」乃相讓，以其所爭田爲閒田而退。天下聞而歸之者四十餘國。芮，儒遂切。盍，音合。○虞、芮，皆國名。西伯，周文王也。盍，何不也。質，正也。畔，田界也。

○曾子曰：「以能問於不能，以多問於寡，有若無，實若虛，犯而不較。昔者吾友嘗從事於斯矣。」朱子曰：「較，計較也。友，馬氏以爲顔淵，是也。顔子之心，惟知義理之無窮，不見物我之有間，故能如此。」

○孔子曰：「晏平仲善與人交，久而敬之。」晏平仲，齊大夫，名嬰。程子曰：「人交久則敬衰，久而能敬，所以爲善。」

右明倫。李氏曰：「首十七章，明父子之親。次五章，明君臣之義。次四章，明夫婦之別。次三章，明長幼之序。末二章，明朋友之交。」

孟子曰：「伯夷目不視惡色，耳不聽惡聲。」惡色，非禮之色；惡聲，非禮之聲。

○子游爲武城宰，子曰：「女得人焉爾乎？」曰：「有澹臺滅明者，行不繇徑，非公事未嘗至於偃之室也。」女，音汝。澹，音談。○子游，孔子弟子，姓言名偃。朱子曰：「武城，魯下邑。澹臺，姓；滅明，名，字子羽。徑，路之小而捷者。公事，如飲射讀法之類。不繇徑，則動必以正，而無見小欲速之意可知。非公事不見邑宰，則其有以自守，而無枉己徇人之私可見矣。」又曰：「焉、爾、乎三字，是助語。❶聖人之言，寬緩而不迫。」

○高柴自見孔子，足不履影，啓蟄不殺，方長不折。衛輒之難，出而門閉。或曰：「此有徑。」子羔曰：「吾聞之，君子不徑。」曰：「此有竇。」子羔曰：「吾聞之，君子不竇。」有間，使者至，門啓而出。蟄，直立切。長，上聲。折，音哲。難，去聲。間如字。○啓，謂開穴而出。蟄，蟲之藏者。方長，謂草木。輒，衛君名。難，謂輒以兵拒父時也。竇，孔穴也。有間，少頃也。不踐影，敬人之至。不殺不折，愛物之至。不徑不竇，守身之至。朱子曰：「不徑不竇，無事時可也。若有寇盜患難，如何守此以殘其軀，觀聖人微服過宋可見矣。」

○南容三復「白圭」，孔子以其兄之子妻之。三，去聲。復，音福。○南容，孔子弟子，居南宮，名縚，又名适，字子容。朱子曰：「《詩·大雅·抑》之篇曰：『白圭之玷，尚可磨也；斯言之玷，不可爲也。』南容一日三復此言，事見《家語》，蓋深有意於謹言也。此邦有道所以不廢，邦無道所以免禍，故孔子以兄子妻之。」

○子路無宿諾。朱子曰：「宿，留也。急於踐言，不留其諾也。」

---

❶「語」，霍刻本作「辭」。

〇孔子曰：「衣敝緼袍與衣狐貉者立而不恥者，其繇也與！」衣，去聲。緼，音愠。貉，音鶴。〇朱子曰：「敝，壞也。緼，枲著也。袍，衣有著者也，蓋衣之賤者。狐貉，以狐貉之皮爲裘，衣之貴者。子路之志如此，則能不以貧富動其心，而可以進於道矣，故夫子稱之。」

〇鄭子臧出奔宋，好聚鷸冠。鄭伯聞而惡之，使盜殺之。君子曰：「服之不衷，身之災也。」《詩》曰：「彼其之子，不稱其服。」子臧之服，不稱也夫。好，去聲。鷸，音聿。惡，去聲。衷，音中。其，音記。稱，去聲。〇鄭、宋，皆國名。子臧，鄭伯之子。鷸，翠鳥。聚鷸冠者，聚其羽以爲冠也。衷，正也。《詩》，《曹風·候人》之篇。其，語辭。

〇公父文伯退朝，朝其母。其母方績，文伯曰：「以歜之家而主猶績乎？」其母嘆曰：「魯其亡乎！使僮子備官而未之聞邪？父，音甫。朝，音潮，下同。歜，昌六切。亡如字。〇績，緝麻也。歜，文伯之名。主，主母也。僮子，指文伯。國將亡，則任非人。文伯富貴而驕，故敬姜歎而責之，亦善計國矣。居，吾語女。民勞則思，思則善心生；逸則淫，淫則忘善，忘善則惡心生。沃土之民不材，淫也；瘠土之民莫不嚮義，勞也。語，去聲。女，音汝。瘠，音寂。嚮，音向。〇居者，喻之使止也。勞，勤勞。逸，安逸。淫，淫蕩。沃，肥饒。瘠，薄瘦也。善心生，則嚮義矣。惡心生，則不材矣。不材繇於淫，嚮義繇於勞。是故王后親織玄紞，公侯之夫人加以紘綖，卿之内子爲大帶，命婦成祭服，列士之妻加之以朝服，自庶士以下皆衣其夫。社而賦事，烝而獻功，男女效績，愆則有辟，古之制也。紞，丁坎切。紘，音宏。綖，音延。辟，音闢。○玄，黑色。紞，冠之垂前後者。紘，纓之無緌者。綖，冕之上覆者。內子，卿之妻。命婦，大夫之妻。列士，元士、庶士、下士。庶士以下，則庶人也。自公侯至士庶之妻，所織而漸以加者，以貴賤爲勞逸之差也。冬祭曰烝。績，功；愆，過；辟，罪也。春祭社之時，則供其農桑之事。冬祭廟之時，則獻其五穀布帛之功。男耕女織，各效其績。逸而有過，則治以罪也。古之制，通貴賤言之。吾冀而朝夕脩我曰『必無廢先人』，爾今曰『胡不自安』，以是承君之官，予懼穆伯之絶嗣也。」冀，欲也。而、爾，皆汝也。脩，猶飭也。廢，猶墜也。先人，謂穆伯，文伯之父也。胡，何也。君，謂魯君。居位而苟求安逸，敗亡之道也，故敬姜懼穆伯之絶嗣。文伯曠於禮，敬姜語之，皆凜凜有法度，其愛而知勞者與！

○孔子曰：「賢哉回也！一簞食，一瓢飲，在陋巷，人不堪其憂，回也不改其樂。賢哉回也！」簞，音丹。食，音似。樂，音雒。○回，孔子弟子，姓顏，字子淵。朱子曰：「簞，竹器。食，飯也。瓢，瓠也。顏子之貧如此，而處之泰然，不以害其樂，故夫子再言『賢哉回也』，以深嘆美之。」

右敬身。李氏曰：「首三章，言心術。次二章，言威儀。次三章，言衣服。末章，言飲食。」

衛莊公娶于齊東宮得臣之妹，曰莊姜，美而無子。其娣戴嬀生桓公，莊姜以爲己子。娣，音弟。嬀，音圭。○衛、齊，皆國名。莊公，衛君，名揚。東宮，太子宮；得臣，太子名。姜，齊姓。嬀，陳姓。莊公再娶于陳。莊、戴，皆謚也。娣，女弟之從嫁者。桓公，名完。公子州吁，嬖人之子也，有寵而好兵，公弗禁，莊姜惡之。嬖，音庇。好，去聲。惡，去聲。○嬖人，幸妾也。石碏諫曰：「臣聞愛子，教之以義方，弗納於邪。驕奢淫泆，所自邪也。四者之來，寵禄過也。碏，音鵲。泆，音逸。○石碏，衛大夫。方，道也。義方，即六順。納，猶寘也。邪，即六逆。自，繇也。寵禄過盛，則驕奢淫泆而陷於邪逆矣。夫寵而不驕，驕而能降，降而不憾，憾而能眕者鮮矣。夫，音扶。眕，音軫。鮮，上聲。○降，抑也。憾，恨也。眕，安重也。蓋恃寵則驕，驕則恣横而不能自抑。若强抑之則恨，恨則思亂而不能自安自重，此必然之勢也。且夫賤妨貴、少陵長、遠間親、新間舊、小加大、淫破義，所謂六逆也。君義、臣行、父慈、子孝、兄愛、弟敬，所謂六順也。夫，音扶。少，去聲。間，去聲。○貴賤，以位言；少長，以齒言。親，猶近也。遠近，以地言；新舊，以時言；小大，以德言；淫義，以道言。淫者邪道，義者正道也。妨，害也。陵，犯也。間，離也。破，亦害也。義，謂使臣以義；行，謂行君之義。去順效逆，所以速禍也。君人者，將禍是務去而速之，無乃不可乎？」去，上聲，下同。○去，猶違也。順，即六順。效，猶習也。逆，即六逆。速，召也。言爲人君者，當務於去禍，不可反召禍也。莊公溺愛嬖人之子，使恃寵弄兵而弗之禁，是去順而效逆也。其後州吁弑桓公，爲石碏所誅，豈非速禍之明驗乎？孔氏曰：「州吁于六逆，則少陵長；於六順，則弟不敬兄，非謂徧犯之也。」

○劉康公、成肅公會晉侯伐秦，成子受脤于社，不敬。脤，音腎。○劉、成，皆邑名。康、肅，皆謚。秦、晉，皆國名。脤，祭肉也。凡出兵，則宜于社。○宜，祭名。脤，亦作蜃，大蛤也。古人多以蜃飾器，祭肉以蜃器盛之，故曰脤。謚者，生有功德，卒則人君賜謚以易其名。劉子曰：「吾聞之，民受天地之中以生，所謂命也。是以有動作禮義威儀之則，以定命也。能者養之以福，不能者敗以取禍。中者，理之本然也。動作，以事言；禮義，以理言；威儀，以身言。定者，靜而復也。天地之理，人得之以生，所謂在天爲命，在人爲性者也。動作禮義威儀，各有當然之則。聖人所以定其性，而使弗失也。能循是則以養其性，則爲福，順乎天而吉也。不能循是則而敗其性，則取禍，違乎天而凶也。能與不能，亦在乎敬怠之間而已矣。是故君子勤禮，小人盡力。勤禮莫如致敬，盡力莫如敦篤。敬在養神，篤在守業。國之大事在祀與戎，祀有執膰，戎有受脤，神之大節也。今成子惰，棄其命矣，其不反乎？」膰，音煩。○君子小人，以位言之。敦，加厚也。篤，實而加厚焉，亦敬也。養神，謂奉祭。守業，謂務農。戎，兵戎。膰，祭肉。執膰受脤，皆交神之大節。惰，謂受脤不敬。反，還也。君子敬以奉祭，小人敬以務農，皆養之以福者也。成子以君子而受脤不敬，有取禍之道，故劉子逆知其不反，其後果卒于瑕。

○衛侯在楚，北宮文子見令尹圍之威儀，言於衛侯曰：「令尹其將不免。《詩》云：『敬慎威儀，維民之則。』令尹無威儀，民無則焉。民所不則，以在民上，不可以終。」衛、楚，皆國名。衛矦，名惡。文子，衛大夫，名它，北宮其姓也。時相衛矦在楚。令尹，楚上卿執政者，名圍。免，謂免於禍。《詩》，《大雅·抑》之篇。則，法也。終，謂善終。公曰：「善哉！何謂威儀？」對曰：「有威而可畏謂之威，有儀而可象謂之儀。君有君之威儀，其臣畏而愛之，則而象之，故能有其國家，令聞長世。臣有臣之威儀，其下畏而愛之，故能守其官職，保族宜家。順是以下，皆如是。是以上下能相固也。聞，音問。○此衛侯問，而文子答也。令聞長世，謂善名久垂於世也。是，指君臣而言。順是以下，若父子兄弟，内外大小是矣。皆如是，謂皆有威儀也。固者，安固不敗也。《衛詩》曰：『威儀棣棣，不可選也。』言君臣上下，父子兄弟，内外大小，皆有威儀也。棣，音第。○《詩》，《邶風·栢舟》之篇。棣棣，富而閑習之貌。選，簡擇也。言威儀無一不善，不可得而簡擇取舍也，此蓋借引以爲人皆不可無威儀耳。《周詩》曰：『朋友攸攝，攝以威儀。』言朋友之道，必相教訓以威儀也。《詩》，《大雅·既醉》之篇。攸，所也。攝，簡也。故君子在位可畏，施舍可愛，進退可度，周旋可則，容止可觀，作事可法，德行可象，聲氣可樂，動作有文，言語有章，以臨其下，謂之有威儀也。」舍，上聲。行，去聲。樂，音雒。○施，用也。舍，不用也。用舍當，斯可愛。十者，皆威儀也。自可畏言曰威，自可象言曰儀。真氏曰：「令尹圍專楚國之政，有簒奪之心，形諸威儀，必有僭偪于上者，故文子見而知其不終也。未幾，以簒被殺，果不能終。」

右通論。通論立教、明倫、敬身三者。

小學集註卷之五

臣陳選集註

外篇

說見《内篇》。

〇《詩》曰：「天生烝民，有物有則。民之秉彝，好是懿德。」孔子曰：「爲此詩者，其知道乎！故有物必有則。民之秉彝也，故好是懿德。」懿，音意。〇《詩》，《大雅·烝民》之篇，尹吉甫之所作也。朱子曰：「烝，衆也。物，事也。則，法也。彝，常也。懿，美也。有物必有法，如有耳目，則有聰明之德；有父子，則有慈孝之心，是民所秉執之常性也，故人之情，無不好此懿德者。」胡氏曰：「知道，知率性之道也。」歷傳記，接見聞，述嘉言，紀善行，爲《小學·外篇》。傳，去聲。〇歷考前代漢魏晉南北朝隋唐之傳記，承接近代五代之見聞，凡言之本乎物則民彝者，嘉言也，則述之；行之本乎物則民彝者，善行也，則紀之。所以合《内篇》而爲《小學》之全書也。學者讀《内篇》，而遠師虞夏商周之聖賢；讀《外篇》，而近師漢唐宋之君子。盛德大業，於是乎在矣。奚可以爲童稚之習而忽之哉？

嘉言第五

嘉，善也。此篇述漢以來賢者所言之善言，以廣立教、明倫、敬身也。凡九十一章。

橫渠張先生曰：「教小兒，先要安詳恭敬。橫渠，地名。先生名載，字子厚，宋郿縣人。安，靜。詳，審。恭，莊。敬，畏。四者小學涵養本原之事也。今世學不講，男女從幼便驕惰壞了，到長益凶狠。只爲未嘗爲子弟之事，則於其親已有物我，不肯屈下。病根常在，又隨所居而長，至死只依舊。「只爲」之「爲」，去聲。已，音以。○安詳恭敬不講，而矜驕惰慢成習，此天理所繇滅，而人欲所繇熾也。壞，謂壞其質性。親，父母也。有物我，猶言分彼此。病根，即驕惰也。爲子弟則不能安灑掃應對，接朋友則不能下朋友，有官長則不能下官長，爲宰相則不能下天下之賢。此言病根隨所居而長也。安，謂安意爲之。下，謂屈己下之。甚則至於徇私意，義理都喪。句。也只爲病根不去，隨所居所接而長。」徇，私閏切。爲，去聲。○徇，從也。居，居處。接，交接。

○《楊文公家訓》曰：「童稚之學，不止記誦，養其良知良能，當以先入之言爲主。公，名億，字大年，謚文，宋浦城人。良知者，本然之知；良能者，本然之能，愛親敬長是也。程子曰：「人之幼也，知思未有所主，則當以格言至論日陳於前，使盈耳充腹，久自安習，若固有之者，後雖有讒說搖惑，不能入也。」日記故事，不拘今古，必先以孝弟忠信禮義廉恥等事，如黃香扇枕、陸績懷橘、叔敖陰德、子路負米之類，只如俗說，便曉此道理。久久成熟，德性若自然矣。」扇，平聲。○故事，古今已往之事也。善事父母爲孝，善事兄長爲弟，盡己之謂忠，以實之謂信。禮者，天理之節文；義者，人心之裁制。廉即辭讓之心，禮之發也；恥即羞惡之心，義之發也。黄香扇枕之類，即孝弟等事。德性，謂得之於天者，仁義禮智是也。○黄香，字文强，盡心養親，暑則扇枕席，冬則以身温被。陸績，字公紀。年六歲，見袁術。術出橘，績懷三枚，拜辭墮地。術曰：「陸郎作賓客而懷橘乎？」績跪答曰：「欲歸遺母。」術大奇之。叔敖，楚官名，蔿氏，名艾。爲兒時，出遊，見兩頭蛇，殺而埋之，歸而泣。母問其故，對曰：「聞見兩頭蛇者死，嚮者見之，恐去母而死也。」母曰：「蛇今安在？」曰：「恐他人又見，殺而埋之矣。」母曰：「吾聞有陰德者，天報以福，汝不死也。」及長，爲楚相。子路，姓仲，名繇。嘗曰：「昔事二親，常食藜藿，爲親負米百里之外。親没之後，爲楚大夫，從車百乘，積粟萬鍾，累茵而坐，列鼎而食。雖欲食藜藿，爲親負米，何可得也？」

○明道程先生曰：「憂子弟之輕俊者，只教以經學念書，不得令作文字。子弟凡百玩好皆奪志。至於書札，於儒者事最近，然一向好著，亦自喪志。」好，去聲，下同。著，直略切。喪，去聲。○先生名灝，字伯淳，宋河南人。文潞公題其墓曰「明道先生」。憂者，憂其不能致遠也。蓋少年之輕浮俊秀者，惟教以學經讀書，則可以收其放心而於道知所向，若使作文字，則心愈放而離道遠矣。凡百玩好，如畫與琴棋之類。奪志，謂奪其求道之志。書，習字；札，小簡。書札固儒者之一藝，若專攻乎此，則亦喪其求道之志也。

○伊川程先生曰：「教人未見意趣，必不樂學。欲且教之歌舞，如古《詩》三百篇，皆古人作之，如《關雎》之類，正家之始，故用之鄉人，用之邦國，日使人聞之。此等詩，其言簡奥，今人未易曉。別欲作詩，略言教童子灑掃應對事長之節，令朝夕歌之，似當有助。」樂，五教切。○伊川，地名。先生名頤，字正叔，明道之弟。趣，指趣也。樂，喜好也。《關雎》、《周南》國風詩之首篇。《關雎》等詩，爲教於閨門之内，乃正家之始，故當時上下通用之。簡奥者，辭簡約而意深奥也。以灑掃等事，編爲韻語，令朝夕詠歌之，庶見意趣而好學矣。朱子曰：「嘗疑《曲禮》『衣無撥，足無蹶』，『將上堂，聲必揚』，『將入户，視必下』等，皆是古人教小兒語。」

○陳忠肅公曰：「幼學之士，先要分別人品之上下，何者是聖賢所爲之事，何者是下愚所爲之事。向善背惡，去彼取此，此幼學所當先也。別，必列切。背，音佩。○公名瓘，字瑩中，號了翁，忠肅謚也，宋延平人。吴氏曰：「當向當取者，上品聖賢也。當背當去者，下品下愚也。」顔子、孟子，亞聖也，學之雖未至，亦可爲賢人。今學者若能知此，則顔、孟之事，我亦可學。此下言聖賢之事，當向而取也。亞，次也。學之，謂學顔、孟也。言温而氣和，則顔子之不遷，漸可學矣。過而能悔，又不憚改，則顔子之不貳，漸可學矣。朱子曰：「遷，移也。貳，復也。怒於甲者，不移於乙。過於前者，不復於後。」知埋鬻之戲不如俎豆，念慈母之教至於三遷，❶自幼至老不厭不改，終始

---

❶「教」，原作「愛」，今據資講本改。

一意，則我之不動心，亦可以如孟子矣。鬻，音育。○埋，墓間之事。鬻，市中之事。俎豆，學宮之事。此即三遷之教也。不厭，謂學不倦。不改，謂守不變。若夫立志不高，則其學皆常人之事，語及顔、孟，則不敢當也。其心必曰：『我爲孩童，豈敢學顔、孟哉！』此人不可以語上矣。先生長者見其卑下，豈肯與之語哉！先生長者不肯與之語，則其所與語皆下等人也。言不忠信，下等人也；行不篤敬，下等人也；過而不知悔，下等人也；悔而不知改，下等人也。聞下等之語，爲下等之事，譬如坐於房舍之中，四面皆牆壁也，雖欲開明，不可得矣。」語，去聲。行，去聲。○此言下愚之事，當背而去也。下等之語、下等之事，皆蔽塞人心之牆壁也。開而明之，在立志以學聖賢而已。吴氏曰：「言僞而行薄，恥過而遂非，所聞所行，無一不歸於下愚之習。耳目壅塞，中心昏蔽，一物無所見，一步不可行。欲求開明，何可得哉？」

○馬援兄子嚴、敦並喜譏議，而通輕俠客。援在交趾，還書誡之曰：「吾欲汝曹聞人過失，如聞父母之名，耳可得聞，口不可得言也。俠，音協。○援，字文淵，漢茂陵人。嚴、敦，援兄二子名。譏，譏誚。議，議論。俠，謂以權力俠輔人。通輕俠客，交通輕薄遊俠之客也。交趾，郡名。汝曹，汝輩也。好議論人長短，妄是非正法，此吾所大惡也，寧死不願聞子孫有此行也。好，去聲，下同。惡，去聲。行，去聲。○妄是非正法，謂妄談國法之是非。龍伯高敦厚周慎，口無擇言，謙約節儉，廉公有威，吾愛之重之，願汝曹效之。伯高，名述，❶京兆人。敦篤而重厚，❷周密而謹慎。出言皆善，而無可選擇。謙約節儉，而不驕奢。廉公有威，而不私褻。皆君子之常道。杜季良豪俠好義，憂人之憂，樂人之樂，清濁無所失，父喪致客，數郡畢至，吾愛之重之，不願汝曹效也。樂，音雒，下同。○季良，名保。此輕俠之事。人有憂，己亦爲之憂；人有樂，己亦爲之樂。不辨清濁，待之皆無所失，故父喪致客，數郡皆至也。效伯高不得，猶爲謹敕之士，所謂刻鵠不成尚類鶩者也。效季良不得，陷爲天下輕薄子，所謂畫虎不成反類狗者也。敕，音勑。鶩，音木。○吴氏曰：「鵠、鶩皆鳥，而略相似。虎、狗皆獸，而絶不同。」

○漢昭烈將終，勑後主曰：「勿以惡小而爲之，勿以善小而不爲。」漢，劉氏王天下之號。昭烈，漢帝，名備，字玄德。勑，戒也。後主，昭烈之子，名禪。朱子曰：「善必積而後成，惡雖小而可戒。❸」

○諸葛武侯《戒子書》曰：「君子之行，靜以脩身，儉以養德。非澹泊無以明志，非寧靜無以致遠。行，去聲。○侯，名亮，字孔明，諸葛其姓也。事漢昭烈爲丞相，謚忠武。子瞻，字思遠。靜，即寧靜也。儉，即澹泊也。寧靜，則心不逐於物，故可以脩身致遠。澹泊，則心不汩於欲，故可以養德明志。

❶「述」，霍刻本作「術」。
❷「重厚」，霍刻本作「厚重」。
❸「戒」，霍刻本作「懼」。

夫學須静也，才須學也。非學無以廣才，非静無以成學。慆慢則不能研精，險躁則不能理性。年與時馳，意與歲去，遂成枯落，悲歎窮廬，將復何及也。」慆，音滔。躁，音竈。復，扶又切。○廣才，充廣其才也。慆，淫也。慆慢則心不收，故不能研究精微之理。險躁則心妄動，故不能理治氣質之性。蓋人之年意，與時歲而俱往，不暫駐也。失時不學，遂與草木同枯落，雖悲歎而無及矣。真氏曰：「孔明此書，真格言也。」

○柳玭嘗著書戒其子弟曰：「壞名災己，辱先喪家，其失尤大者五，宜深誌之。玭，蒲眠切。○玭，字直清，唐柳公綽之孫，仲郢之子。壞，敗也。誌，記也。其一，自求安逸，靡甘澹泊。苟利於己，不恤人言。此言不勤儉之失。靡，不也。恤，憂也。其二，不知儒術，不悦古道。懵前經而不恥，論當世而解頤。身既寡知，惡人有學。懵，母總切。解，音蟹。頤，音怡。惡，去聲。○此言不好學之失。懵，無知貌。頤，口旁也。人笑則口旁解。言其於前聖之經，無所知而不恥；於當世之事，妄議之以爲笑也。其三，勝己者厭之，佞己者悦之。唯樂戲談，莫思古道。聞人之善嫉之，聞人之惡揚之。浸漬頗僻，銷刻德義。簪裾徒在，廝養何殊。樂，去聲。漬，音恣。頗，音坡。廝，音思。○此言不好善之失。厭，惡；佞，諂；嫉，妬；揚，播也。頗僻，謂偏頗邪僻之行。浸漬頗僻，漸染於惡也。銷刻德義，斲喪其善也。簪裾，猶言衣冠。廝養，謂奴僕。徒，空也。殊，異也。其四，崇好優游，耽嗜麴糵，以銜杯爲高致，以勤事爲俗流。習之易荒，覺已難悔。好，去聲。糵，魚列切。○此言好宴樂之失。崇，尚也。吴氏曰：「麴糵、銜杯，皆言酒也。高致，謂高尚之風致。勤事，勤於事業也。言好逸嗜酒，自以爲高，反鄙勤事者爲俗流。此心既荒，雖知而不能悔也。」其五，急於名宦，匿近權要，一資半級，雖或得之，衆怒羣猜，鮮有存者。猜，倉才切。○此言好奔競之失。名宦，顯仕也。匿近，陰附也。權要，有勢位者。資，猶品也。猜，恨也。鮮，少也。言雖或得官，終必失之。余見名門右族，莫不繇祖先忠孝勤儉以成立之，莫不繇子孫頑率奢傲以覆墜之。成立之難如升天，覆墜之易如燎毛。言之痛心，爾宜刻骨。」覆，音福，下同。燎，音料。○古人以右爲尊，名門、右族，皆大家也。頑劣輕率、奢侈驕傲，皆敗家之繇也。燎，燒也。刻骨，猶言銘心，亦深誌之意，而語加切耳。

○范魯公質爲宰相，從子杲嘗求奏遷秩，質作詩曉之。從，去聲。杲，音稿。○質字文素，周宰相。事宋，封魯國公。從子，兄之子也，名杲。遷，陞也。秩，職也。其略曰：戒爾學立身，莫若先孝悌。怡怡奉親長，不敢生驕易。戰戰復兢兢，造次必於是。造，音操。○孝悌者，立身之本。怡，和悦也。驕，驕傲。易，慢易。戰戰，恐懼。兢兢，戒謹。造次，急遽苟且之時。是，指孝悌也。戒爾學干禄，莫若勤道藝。嘗聞諸格言，學而優則仕。不患人不知，惟患學不至。干，求也。禄，俸也。道，道理。藝，文藝。諸，語辭。格，猶法也。優，有餘力也。學優則仕，子夏之法言也。戒爾遠恥辱，恭則近乎禮。自卑而尊人，先彼而後己。《相鼠》與《茅鴟》，宜鑑詩人刺。相，去聲。鴟，音笞。○朱子曰：「恭，致敬也。禮，節文也。致恭而中其節，則能遠恥辱矣。自卑尊人，先彼後己，致恭之事也。《相鼠》，詩名。其辭曰：『相鼠有體，人而無禮。人而無禮，胡不遄死？』《茅鴟》，亦詩名，今亡其辭矣。二詩皆刺無禮也。鑑，照也。刺，譏諷。相，視也。」戒爾勿放曠，放曠非端士。周孔垂名教，齊梁尚清議。南朝稱八達，千載穢青史。放，放蕩。曠，疎曠。端士，正士也。周孔，謂周公、孔子。名教，謂人倫之教，有實有名也。齊梁皆都江南，故又稱南朝。清議，清虛之談也。八達，謂晉胡毋輔之、謝鯤、阮放、畢卓、羊曼、桓彝、阮孚、光逸。八人終日清談酣飲，爲曠達也。當時雖稱之，而無禮無法，得罪名教，其姓名久污史册，亦可賤矣。古史以竹，故曰青史。戒爾勿嗜酒，狂藥非佳味。能移謹厚性，化爲凶險類。古今傾敗者，歷歷皆可記。酒能亂性，是狂藥也，古今以之而傾覆喪敗者多矣。戒爾勿多言，多言衆所忌。苟不慎樞機，災厄從此始。是非毁譽間，適足爲身累。厄，一作危。譽，平聲。○户之開闔繇於樞，弩之張弛繇於機，人之禍福榮辱繇於言，故比言於樞機。災厄謂禍辱。毁者，稱人之惡而損其真也；譽者，揚人之善而過其實也。以言而是非毁譽人，皆取禍召辱，❶祗足自累而已。舉世重交游，擬結金蘭契。忿怨容易生，❷風波當時起。所以君子心，汪汪淡如水。當，去聲。○《易》曰：「二人同心，其利斷金。同心之言，其臭如蘭。」契，合也。風波比忿怨。勢利之交，一言不合，則怒氣相加，如風波之起矣。汪汪，深廣貌。記曰：「君子之交如水，小人之交如醴。君子淡以成，小人甘以

---

❶ 「祗」，霍刻本作「秖」。

❷ 「容易」，資講本作「從是」。

壞。」舉世好承奉，昂昂增意氣。不知承奉者，以爾爲玩戲。所以古人疾，籧篨與戚施。籧，音渠。篨，音除。施，音叶，去聲。○疾，憎惡也。籧篨，軀胸者。戚施，駝背者。籧篨不能俯，戚施不能仰，皆醜疾也。陳氏曰：「好承奉之態似之。」舉世重游俠，俗呼爲氣義。爲人赴急難，往往陷囚繫。所以馬援書，殷勤戒諸子。爲，去聲。難，去聲。繫，音係。○游俠之徒，輕身以徇人，似乎有氣有義而非正。故馬援之書曰：「寧死不願聞子孫有此行也。」舉世賤清素，奉身好華侈。肥馬衣輕裘，揚揚過閭里。雖得市童憐，還爲識者鄙。衣，去聲。○揚揚，自得之意。憐，猶愛也。鄙，猶賤也。我本羈旅臣，遭逢堯舜理。位重才不充，戚戚懷憂畏。深淵與薄冰，❶蹈之唯恐墜。爾曹當憫我，勿使增罪戾。閉門斂踪跡，縮首避名勢。勢位難久居，畢竟何足恃？羈，音肌。蹈，音稻。戾，音麗。縮，所六切。○羈，寄；旅，寓；理，治也。質既相周，復相宋，故自謂羈旅之臣。宋太祖受周禪，故比之堯舜之治。戚戚，憂畏意。若蹈淵冰，言憂畏之甚也。曹，即輩也。戾，亦罪也。戒其勿求遷秩以增己罪也。畢竟，終也。又言爾等當深自斂避，勿求遷秩，蓋富貴無常，不足恃也。物盛則必衰，有隆還有替。速成不堅牢，亟走多顛躓。灼灼園中花，早發還先萎。遲遲澗畔松，鬱鬱含晚翠。賦命有疾徐，青雲難力致。寄語謝諸郎，躁進徒爲耳。亟，音擊。躓，音至。萎，音穢。○隆，興；替，廢；

❶「淵」，資講本作「泉」。

亟，急也。顛躓，蹉跌也。萎，枯；疾，速；徐，遲也。青雲，比名位之高顯也。躁，急；徒，空也。此一節首八句，言人物之常理。次二句，言富貴有定命。末二句，總括而戒之。

○康節邵先生戒子孫曰：「上品之人，不教而善；中品之人，教而後善；下品之人，教亦不善。不教而善，非聖而何？教而後善，非賢而何？教亦不善，非愚而何？先生名雍，字堯夫。康節，謚也。宋河南人。氣質之性，雖有是三品，❶然天地之性，初無少異。愚者果能奮然用力於善，未必不可以爲賢也。是知善也者，吉之謂也；不善也者，凶之謂也。爲善者爲吉人，爲惡者爲凶人。吉也者，目不觀非禮之色，耳不聽非禮之聲，口不道非禮之言，足不踐非禮之地，人非善不交，物非義不取，親賢如就芝蘭，避惡如畏蛇蠍。或曰不謂之吉人，則吾不信也。蠍，音歇。○此一節，言爲善者爲吉人。凶也者，語言詭譎，動止陰險，好利飾非，貪淫樂禍，疾良善如讎隙，犯刑憲如飲食，小則隕身滅性，大則覆宗絶嗣。或曰不謂之凶人，則吾不信也。詭，音癸。譎，音厥。樂，音雒。讎，音酬。隙，乞逆切。隕，音允。○此一節，言爲惡者爲凶人。陰，暗也。飾非，文過也。貪淫，嗜慾也。樂禍，樂人有禍也。如讎隙，疾之甚也。如飲食，好而甘之也。隕，猶喪也。覆，猶傾也。吴氏曰：「隕身滅性，禍止一身，故曰小。覆宗絶嗣，禍及一族，故曰大。」《傳》有之曰：『吉人爲

❶「是」，霍刻本作「此」。

善，惟日不足；凶人爲不善，亦惟日不足。』汝等欲爲吉人乎？欲爲凶人乎？」傳，去聲。○《傳》之言，今見《書·泰誓》篇。❶惟日不足者，言終日爲之而猶以爲不足也。

○節孝徐先生訓學者曰：「諸君欲爲君子，而使勞己之力，費己之財，如此而不爲君子，猶可也。不勞己之力，不費己之財，諸君何不爲君子？鄉人賤之，父母惡之，如此而不爲君子，猶可也。父母欲之，鄉人榮之，諸君何不爲君子？」惡，去聲。○先生名積，字仲車。節孝，謚也。宋山陽人。諸君，指學者。君子，成德之稱。又曰：「言其所善，行其所善，思其所善，如此而不爲君子，未之有也。言其不善，行其不善，思其不善，如此而不爲小人，未之有也。」吴氏曰：「君子小人之分，在乎口之所言、身之所行、心之所思而已。」

○胡文定公《與子書》曰：「立志以明道，希文自期待。公名安國，字康侯。文定，謚也。宋建安人。三子：寅，字明仲。寧，字和仲。宏，字仁仲。志者，心之所之也。明道，程伯子也。朱子稱其十四五歲，便學聖人。希文，范文正公也。朱子稱其自做秀才，便以天下爲己任。立志以二公自期待，而力行以求至焉，聖賢之德業不遠矣。立心以忠信，不欺爲主本。心者，身之主也。不欺，即忠信之謂。人無實心，言行雖善，終非聖賢之徒，故立心必以是爲主爲本。行己以端莊，清慎見操執。操，平聲。○操、

❶「篇」下，霍刻本有「蔡氏曰」。

執，皆守也。端正、莊肅、清白、謹慎，惟有守者能之。臨事以明敏，果斷辨是非。熊氏曰：「事有是非，惟明敏可以立見，惟果斷可以早決。」又謹三尺，考求立法之意而操縱之，斯可爲政不在人後矣，操，平聲。○此言爲政之方。三尺，謂法律，古者以三尺竹簡書之。操縱，謂本法意、原人情，而適寬嚴之宜也。汝勉之哉！治心脩身，以飲食男女爲切要，從古聖賢自這裏做工夫，其可忽乎？」飲食男女，人之大欲存焉。一念之偏，不能自克，則陷其身於惡，而不可振矣。故治心脩身，必以是爲切要。古之聖賢，如禹之菲飲食，湯之不邇聲色，皆從此做工夫者也。

○古靈陳先生爲仙居令，教其民曰：「爲吾民者，父義、母慈、兄友、弟恭、子孝，夫婦有恩，男女有別，子弟有學，鄉閭有禮。貧窮患難，親戚相救，婚姻死喪，鄰保相助。無墮農業，無作盜賊，無學賭博，無好争訟，無以惡陵善，無以富吞貧。行者讓路，耕者讓畔，斑白者不負戴於道路，則爲禮義之俗矣。」別，必列切。難，去聲。墮，音灰，又音惰。好，去聲。○古靈，村名。先生名襄，字述古，宋福州人。仙居，台州屬邑。義，謂能正其家。有恩，謂貧窮相守。若棄妻不養，夫亡改嫁，是無恩也。有別，謂男有婦，女有夫，不相亂也。有禮，謂歲時相往來及燕飲敘齒之類。患難，爲水火盜賊之類。墮，廢墜也。陵，侵欺也。吞，兼并也。讓路，若少避長、輕避重之類。讓畔，謂地有界畔，不相侵奪也。此皆孟子所謂善教得民者。

右廣立教。

司馬温公曰：「凡諸卑幼，事無大小，毋得專行，必咨稟於家長。」公姓司馬，名光，字君實，宋陝州人。贈温國公。咨，謀也。

○「凡子受父母之命，必籍記而佩之，時省而速行之，事畢則返命焉。省，音醒。○籍，簿也。佩，謂服於身。省，察也，視也。返命，復命也。或所命有不可行者，則和色柔聲，具是非利害而白之，待父母之許，然後改之。若不許，苟於事無大害者，亦當曲從。若以父母之命爲非而直行己志，雖所執皆是，猶爲不順之子，況未必是乎！」備陳是非利害之兩端而稟白之，欲父母自喻也。曲，委曲。

○横渠先生曰：「舜之事親，有不悦者，爲父頑母嚚，不近人情。若中人之性，其愛惡若無害理，必姑順之。爲，去聲。嚚，音銀。惡，去聲。○舜盡事親之道，宜得親之悦矣。而猶不悦者，爲其頑嚚，不近人情也。今天下人之父母，若舜之父母者，蓋寡矣。事親不悦，何以爲人乎？若親之故舊所喜，當極力招致，賓客之奉，當極力營辦，務以悦親爲事，不可計家之有無。然又須使之不知其勉强勞苦。苟使見其爲而不易，則亦不安矣。」强，上聲。易，音異。○故舊所喜，謂故舊中所喜者。賓客之奉，謂酒餚之類。

○羅仲素論「瞽瞍底豫，而天下之爲父子者定」云：「只爲天下無不是底父母。」底，音止。爲，去聲。底，音低。○仲素，名從彦，宋豫章人。底，致也。豫，悦樂也。定者，子孝父慈，各得其所也。孟子曰：「舜盡事親之道，而瞽瞍底豫。瞽瞍底豫，而天下之爲父子者定。」羅氏讀之而有是論，蓋天下無不愛子之父母，豈有不是者哉？ 子孝則父母之心自悦樂矣。 了翁聞而善之曰：「唯如此，而後天下之爲父子者定。 彼臣弑其君、子弑其父，常始於見其有不是處耳。」了翁，陳忠肅公也。 臣子弑逆常起於一念之差，以君父所爲不是也。 若知天下無不是底君父，惡有弑逆之事哉？ 真氏曰：「罪己而不非其親者，仁人孝子之心也。 怨親而不反諸己者，亂臣賊子之心也。」

○伊川先生曰：「病臥於牀，委之庸醫，比之不慈不孝。 事親者亦不可不知醫。❶」委，猶付託也。 病者死生所係，而委之庸醫，是飲藥以加病也。 故親有疾而委之庸醫，比之不孝；子有疾而委之庸醫，比之不慈。 子能知醫則可以養親，且不爲庸醫所誤矣。

○横渠先生嘗曰：「事親奉祭，豈可使人爲之？」事父母，奉祭祀，皆當親爲之。 葉氏曰：「使人代爲，孝敬之心安在？」

○伊川先生曰：「冠昏喪祭，禮之大者，今人都不理會。 豺獺皆知報本，今士大夫家多忽此。 厚於奉養而薄於先祖，甚不可也。 冠，去聲。 豺，音柴。 獺，音撻。 養，去聲。 ○冠以責成人，昏以承宗事，喪以慎終，祭以追遠。 理會，謂講而行之。 孟春獺祭魚，季秋豺祭獸，皆有報本之意。 豈可人而不如獸乎？ 「此」字，指報本言。 奉養，謂奉養其親。 某嘗修《六禮大略》，家必有廟，廟必有主，

❶ 「可」下，資講本有「以」字。

月朔必薦新。時祭用仲月，冬至祭始祖，立春祭先祖，季秋祭禰。忌日遷主，祭於正寢。凡事死之禮，當厚於奉生者。禰，乃里切。○六禮：冠、昏、喪、祭、鄉飲酒、士相見之禮也。主，本主也，所以依神。新，謂新物。禰，父廟也。遷，猶奉也。正寢，猶正堂也。月朔，一月之始。四時，天道之變。冬至，陽生之始。立春，物生之始。季秋，物成之始。忌日，親之死日。君子於此必有悽愴怵惕之心，故因之而行追遠之禮。此言祭禮之大略。司馬温公曰：「國家時祭用孟月，私家不敢用，故用仲月。」人家能存得此等事數件，雖幼者可使漸知禮義。」存，謂行之久而不廢也。

○司馬温公曰：「冠者，成人之道也。成人者，將責爲人子、爲人弟、爲人臣、爲人少者之行也。將責四者之行於人，其禮可不重與？冠，去聲，下同。行，去聲，下同。與，平聲。○所謂成人者，非謂形體異於童子也，將責孝弟忠順之行也。四行立而後可以爲人，故冠爲成人之道。冠禮之廢久矣。近世以來，人情尤爲輕薄。生子猶飲乳，已加巾帽，有官者或爲之製公服而弄之。過十歲猶總角者，蓋鮮矣。彼責以四者之行，豈能知之？故往往自幼至長，愚騃如一，繇不知成人之道故也。乳，音汝。爲，去聲。騃，五駭切。○巾帽，士庶所著者。有官，如今之廕襲也。弄，戲；鮮，少；騃，癡也。古禮雖稱二十而冠，然世俗之弊不可猝變，若敦厚好古之君子，俟其子年十五以上，能通《孝經》《論語》，粗知禮義之方，然後冠之，斯其美矣。」猝，倉没切。好，去聲。俟，音似。上，上聲。○猝，遽也。

○古者父母之喪，既殯，食粥，齊衰，疏食水飲，不食菜果。齊，音咨。衰，音崔。疏，音疎，下同。食，音似，下同。○衰，喪服也。緝其旁及下際曰齊衰；不緝曰斬衰。疏食，粗飯也。言父母之喪，既殯始食粥。若齊衰之喪，既殯得疏食水飲，異於父母之喪也。父母之喪，既虞，卒哭，疏食水飲，不食菜果。期而小祥，食菜果，又期而大祥，食醯醬。期，音箕。醯，音希。○虞，祭名。既葬而虞，虞之言安也。以魂氣無所不之，故三行虞祭以安之。既虞而卒哭，自是哀至則哭，❶猶朝夕哭也。期，周年也。祥，吉也，祭用吉禮也。醯，醋也。中月而禫，禫而飲醴酒。始飲酒者，先飲醴酒。始食肉者，先食乾肉。古人居喪，無敢公然食肉飲酒者。禫，徒感切。醴，音理。乾，音干。○中月，間一月也。禫，祭名。大祥之後，間一月而禫。禫者，澹澹然平安之意。喪至此，凡二十七月也。酒二宿熟者曰醴。醴酒味薄，乾肉味澀，先食之者，不忍遽御醇厚之味也。漢昌邑王奔昭帝之喪，居道上，不素食，霍光數其罪而廢之。數，上聲。○漢，劉氏王天下之號。昌邑王，名賀。昭帝崩，無子，賀嗣位。光，字子孟。時爲大將軍，廢賀爲海昏侯。晉阮籍負才放誕，居喪無禮，何曾面質籍於文帝坐，曰：「卿敗俗之人，不可長也。」因言於帝曰：「公方以孝治天下，而聽阮籍之重哀飲酒食肉於公坐，宜擯四裔，無令污染華夏。」誕，音但。○晉，司馬氏篡國之號。阮籍，人姓名。自負其才，放蕩妄誕。曾，字

❶「則」，霍刻本、沈刻本作「不」。

穎考。籍、曾皆晉臣。質，謂正言之。文帝，司馬昭也。時爲晉公。卿指籍。公指昭。聽，猶許也。重哀謂親喪。擯，斥也。四裔，四夷；華夏，中國也。宋廬陵王義真居武帝憂，使左右買魚肉珍羞，於齋内別立廚帳。會長史劉湛入，因命臑酒，炙車螯，湛正色曰：「公當今不宜有此設。」義真曰：「旦甚寒，長史事同一家，望不爲異。」酒至，湛起曰：「既不能以禮自處，又不能以禮處人。」臑，音暖。螯，音翱。處，上聲。○宋，南朝劉氏篡國之號。義真，武帝裕之子。居憂，即居喪。珍羞，美食。會，遇也。湛，字弘仁。吴氏曰：「臑當作㬉，古暖字。」炙，燒也。車螯，海蛤也。隋煬帝爲太子，居文獻皇后喪，每朝令進一溢米，而私令外取肥肉脯鮓，置竹筒中，以蠟閉口，衣襆裹而納之。煬，音樣。❶溢，音逸。襆，音僕。裹，音果。○隋，楊氏據國之號。煬帝，名廣。溢，一手所握也。衣襆，即今之袱也。湖南楚王馬希聲葬其父武穆王之日，猶食雞臛，其官屬潘起譏之曰：「昔阮籍居喪食蒸肫，何代無賢！」臛，音郝。○五代之時，馬殷據湖南，武穆王即殷也。雞臛，雞肉羹也。蒸肫，蒸熟豬也。何代無賢，反辭以譏之。然則五代之時，居喪食肉者人猶以爲異事，是流俗之弊其來甚近也。今之士大夫居喪，食肉飲酒者無異平日，❷又相從宴集，靦然無愧，人亦恬不

❶「樣」，霍刻本作「恙」。
❷「者」，原脱，今據資講本補。

爲怪。禮俗之壞，習以爲常，悲夫！靦，他典切。恬，音甜。○承上文潘起之譏而言。五代，梁唐晉漢周也。靦，面見人之貌。恬，安也。怪，異也。乃至鄙野之人，或初喪未斂，親賓則齎酒饌往勞之，主人亦自備酒饌，相與飲啜，醉飽連日，及葬亦如之。甚者初喪作樂以娱尸，及殯葬，則以樂導輀車而號泣隨之。亦有乘喪即嫁娶者。噫，習俗之難變，愚夫之難曉，乃至此乎！斂，去聲。勞，去聲。啜，昌悦切。輀，音而。號，平聲。○勞，慰勞。輀車，喪車也。凡居父母之喪者，大祥之前皆未可飲酒食肉。禮也。若有疾暫須食飲，疾止亦當復初。必若素食不能下咽，久而羸憊恐成疾者，可以肉汁及脯醢或肉少許，助其滋味，不可恣食珍羞盛饌及與人燕樂。是則雖被衰麻，其實不行喪也。唯五十以上，血氣既衰，必資酒肉扶養者，則不必然耳。咽，音煙。羸，音雷。憊，音敗。樂，音雒。衰，音崔。上，上聲。○暫，權也。食飲，食肉飲酒也。羸憊，羸瘦疲憊也。其居喪聽樂及嫁娶者，國有正法，此不復論。復，扶又切。○法，謂法律。

○父母之喪，中門外擇樸陋之室，爲丈夫喪次，斬衰，寢苫，枕塊，不脱絰帶，不與人坐焉。婦人次於中門之内别室，撤去帷帳、衾褥、華麗之物。樸，音朴。衰，音崔。苫，失廉切。枕，去聲。絰，音迭。撤，直列切。○樸，樸素。陋，隘陋。苫，藁薦。塊，土墼。麻在首曰絰，在腰曰帶。撤，亦去也。皆哀痛之至，有所不安而然。男子無故不入中門，婦人不得輒至男子喪次。内外之辨當然。晉陳壽遭父喪，有疾，使婢丸藥，客往見之，鄉黨以爲貶議，坐是沉滯，坎坷終身。嫌疑之際，不可不愼。坷，音可。○陳壽，人姓名。貶議，謂貶抑而議論之。坐，猶爲也。沉滯，不振也。坎坷，不遇也。嫌疑，事之可嫌可疑者。

○父母之喪不當出，若爲喪事及有故，不得已而出，則乘樸馬，布裹鞍轡。爲，去聲。樸，音朴。○樸，素也。

○世俗信浮屠誑誘，凡有喪事，無不供佛飯僧。云爲死者滅罪資福，使生天堂，受諸快樂；不爲者必入地獄，剉燒舂磨，受諸苦楚。殊不知死者形既朽滅，神亦飄散，雖有剉燒舂磨，且無所施。又況佛法未入中國之前，人固有死而復生者，何故都無一人誤入地獄見所謂十王者耶？此其無有而不足信也明矣。屠，音徒。誑，古況切。供，去聲。飯，上聲。爲，去聲。樂，音雒。舂，書容切。磨，去聲。復，音伏。○浮屠，佛氏也。誑，欺也。誘，引也。云，猶言也。滅，消也。資，助也。諸，衆也。不爲，謂不供佛飯僧也。刀剉火燒，碓舂磑磨，甚言其苦楚也。殊，絶也。形，形體。神，神魂。佛法入中國，始於漢明帝。言前此之時，人死而復生者有矣，未嘗聞有入地獄見十王者。以未有佛法惑人，本無天堂地獄故也。後世有死而復生，云入地獄見十王者，乃佛法所惑耳。

○《顏氏家訓》曰：「吾家巫覡符章絶於言議，汝曹所見，勿爲妖妄。」覡，刑狄切。○顏氏，名之推，北朝人，作《家訓》。巫，女巫。覡，男巫。符章，即書符拜章之術。皆妖怪妄誕之事也。

○伊川先生曰：「人無父母，生日當倍悲痛，更安忍置酒張樂以爲樂？若具慶者可矣。」「爲樂」之「樂」，音雒。○念父母鞠育之劬勞，故倍增悲痛。父母俱存曰具慶。可者，可置酒張樂也。

○吕氏《童蒙訓》曰：「事君如事親，事官長如事兄，與同僚如家人，待羣吏如奴僕，愛百姓如妻子，處官事如家事，然後能盡吾之心。如有毫末不至，皆吾心有所未盡也。」吕氏，名本中，字居仁，宋正獻公之曾孫。作《童蒙訓》。盡吾之心，致其誠而已。

○或問：「簿，佐令者也。簿所欲爲，令或不從，奈何？」伊川先生曰：「當以誠意動之。今令與簿不和，只是争私意。佐，去聲。○簿者，縣之佐。令者，縣之長。動，感動也。令是邑之長，若能以事父兄之道事之，過則歸己，善則惟恐不歸於令，積此誠意，豈有不動得人！」《孟子》曰：「至誠而不動者，未之有也。」

○明道先生曰：「一命之士，苟存心於愛物，於人必有所濟。」周禮，一命受職，如今之第九品也。苟，誠也。物，即人也。一命猶然，❶況居大位者乎？

○劉安禮問臨民，明道先生曰：「使民各得輸其情。」問御吏，曰：「正己以格物。」安禮，字立之，明道弟子。輸，猶盡也。平易近民，使下情各得上達，則所以處之者，自無不當矣。御，馭也。格，正也。范氏曰：「未有己不能正，而能正人者。」

---

❶「然」，霍刻本作「足以濟人」。

○伊川先生曰：「居是邦，不非其大夫，此理最好。」不非議其過惡，有忠敬意。此古語而程子稱之。

○《童蒙訓》曰：「當官之法，唯有三事：曰清，曰慎，曰勤。知此三者，則知所以持身矣。」吴氏曰：「清，謂廉潔不污。慎，謂謹守禮法。勤，謂勤於職業。能是三者，則能持身而可以治人矣。」

○當官者，凡異色人皆不宜與之相接，巫祝尼媪之類，尤宜疎絶，要以清心省事爲本。媪，音襖。○異色人，謂不務常業之人。巫祝，皆事鬼神者。尼，女僧；媪，牙婆也。此輩一接之，内則伺意以納賄，外則誑人以行私善，❶敗事害政，故當一切禁絶。清心，謂不以物欲累心。省事，謂不作無益之事。

○後生少年，乍到官守，多爲猾吏所餌，不自省察，所得毫末，而一任之間，不復敢舉動。大抵作官嗜利，所得甚少，而吏人所盜不貲矣。以此被重譴，良可惜也。少，去聲。猾，音滑。餌，音耳。省，音醒。復，扶又切。貲，音咨。譴，去戰切。○猾，狡猾。餌，釣餌。不敢舉動，爲吏所制也。不貲，不可量也。譴，罪責也。

○當官者，先以暴怒爲戒。事有不可，當詳處之，必無不中。若先暴怒，只能自害，豈能害人！處，上聲。中，去聲。○暴怒，怒之暴者。中，中理也。

---

❶ 「善」，霍刻本作「盖」。若是，則從下讀。

◯當官處事，但務著實。如塗擦文字，追改日月，重易押字，萬一敗露，得罪反重，亦非所以養誠心、事君不欺之道也。處，上聲。著，直略切。擦，音礤。重，平聲。◯擦，挑取也。

◯王吉上疏曰：「夫婦，人倫大綱，夭壽之萌也。世俗嫁娶太蚤，未知爲人父母之道而有子，是以教化不明，而民多夭。」疏，所助切。◯漢王吉，字子陽，琅邪人。疏，奏疏也。夭，短命也。萌，芽也。古者二十而嫁，三十而娶，後世反是。嫁娶太蚤，故民多夭。未知爲人父母之道而有子，故教化不明。

◯文中子曰：婚娶而論財，夷虜之道也，君子不入其鄉。古者男女之族，各擇德焉，不以財爲禮。虜，音魯。◯文中子，姓王，名通，字仲淹，隋之大儒也，門人私謚曰文中子。不入其鄉，不與之共處也。德，謂男女之性行。財，謂男之聘財，女之資裝。

◯早婚少聘，教人以偷，妾媵無數，教人以亂。且貴賤有等，一夫一婦，庶人之職也。少，去聲。媵，以正切。◯偷，薄也。媵，從嫁者。亂，真氏謂内或陷子弟於惡，外或生僮僕之變是也。等，謂妾媵之等數也。

◯司馬温公曰：「凡議婚姻，當先察其壻與婦之性行及家法如何，勿苟慕其富貴。行，去聲。◯婦家曰婚，壻家曰姻。苟，但也。壻苟賢矣，今雖貧賤，安知異時不富貴乎？苟爲不肖，今雖富盛，❶安知異日不貧賤乎？此言壻之性行當察也。苟，誠也。不肖，即不賢。婦者，家之所

---

❶「盛」，資講本作「貴」。

繇盛衰也，苟慕一時之富貴而娶之，彼挾其富貴，鮮有不輕其夫而傲其舅姑，養成驕妬之性，異日爲患，庸有極乎？鮮，上聲。○此言婦之性行當察也。婦賢則家道盛，不賢則家道衰，故曰所繇盛衰。借使因婦財以致富，依婦勢以取貴，苟有丈夫之志氣者，能無愧乎？」富貴有命，不可必得，假使得之，是亦妾婦之妾婦耳。

○安定胡先生曰：「嫁女必須勝吾家者，勝吾家則女之事人必欽必戒。娶婦必須不若吾家者，不若吾家則婦之事舅姑必執婦道。」安定，地名。先生名瑗，字翼之，宋泰州人。欽，欽敬。戒，戒謹。吴氏曰：「女婦之性，大率畏慕富盛而厭薄貧賤。」

○或問：「孀婦於理似不可取，如何？」伊川先生曰：「然。凡取以配身也，若取失節者以配身，是己失節也。」孀，音霜。取，音娶，下同。○此言孀婦不可取。無夫曰孀。又問：「或有孤孀貧窮無託者，可再嫁否？」曰：「只是後世怕寒餓死，故有是説。然餓死事極小，失節事極大。」此言孀婦不可再嫁。

○《顔氏家訓》曰：「婦主中饋，唯事酒食衣服之禮耳。國不可使預政，家不可使幹蠱。如有聰明才智，識達古今，正當佐輔君子，勸其不足，必無牝雞晨鳴以致禍也。」食，音似。蠱，音古。牝，毗忍切。○進食曰饋，居中饋食，婦人主之。預，干也。幹，猶主也。蠱，事也。君子，夫也。牝雞，雌雞也。牝雞晨鳴，婦人預政幹蠱之喻也。婦人預政幹蠱，則有敗亡之禍矣。

○「江東婦女，略無交遊。其婚姻之家，或十數年間未相識者，唯以信命贈遺致慇懃焉。遺，音位。○江東，大江之東。略無交遊，絶不與外人往還也。以，用也。信命以言，贈遺以物，皆所以通慇懃之意。鄴下風俗，專以婦持門户，争訟曲直，造請逢迎，代子求官，爲夫訴屈，此乃恒、代之遺風乎？」鄴，音業。造，七到切。○鄴下，古之相州。造請，謂謁人於外。逢迎，謂延客於家。恒、代，皆燕趙間地名。燕太子丹不愛後宫美女以結士，故其遺風如此。

○「夫有人民而後有夫婦，有夫婦而後有父子，有父子而後有兄弟。一家之親，此三者而已矣。自兹以往，至於九族，皆本於三親焉。故於人倫爲重者也，不可不篤。夫，音扶。○三親，夫婦、父子、兄弟也。九族，高、曾、祖、父、己身及子、孫、曾、玄九者及旁親也。篤，厚也。三親於人倫爲重，不厚，則無所不薄矣。兄弟者，分形連氣之人也。方其幼也，父母左提右挈，前襟後裾，食則同案，衣則傳服，學則連業，遊則共方，雖有悖亂之人，不能不相愛也。吴氏曰：「兄弟同出於父母，故形分而氣同。左提右挈，謂父母左手引兄以行，右手挈弟以走也。前襟後裾，謂兄前挽父母之襟，弟後牽父母之裾也。服，著也。」及其壯也，各妻其妻，各子其子，雖有篤厚之人，不能不少衰也。衰者，相愛之情衰也。娣姒之比兄弟則疎薄矣。今使疎薄之人，而節量親厚之恩，猶方底而圓蓋，必不合矣。唯友悌深至、不爲傍人之所移者免夫！」娣，音弟。姒，音似。爲，去聲。○長婦爲姒，少婦爲娣。疎薄，謂娣姒。親厚，謂兄弟。節量，猶言裁處。傍人，亦謂娣姒。免者，免於衰也。

○柳開仲塗曰：「皇考治家孝且嚴。旦望，弟婦等拜堂下，畢，即上手低面，聽我皇考訓誡曰：『人家兄弟無不義者。盡因娶婦入門，異姓相聚，爭長競短，漸漬日聞，偏愛私藏，以致背戾，分門割户，患若賊讎，皆汝婦人所作。男子剛腸者幾人，能不爲婦人言所惑？吾見多矣。若等寧有是耶？』退則惴惴，不敢出一語、爲不孝事。開輩抵此賴之得全其家云。」上，上聲。漸，音尖。漬，音恣。背，音佩。戾，音利。惴，之瑞切。○開，字仲塗，宋大名人。父没，稱皇考。旦，謂朔旦。上手，叉手也。❶漸漬，爲譖言如水之浸潤不驟也。偏愛，各有所欲也。❷私藏，各有所蓄也。若，汝也。惴惴，恐懼之貌。抵此，猶言至今。全，謂不分異。云，語辭。

○伊川先生曰：「今人多不知兄弟之愛。且如閭閻小人，得一食必先以食父母，夫何故？以父母之口重於己之口也。得一衣必先以衣父母，夫何故？以父母之體重於己之體也。至於犬馬亦然。待父母之犬馬，必異乎己之犬馬也。獨愛父母之子，却輕於己之子，甚者至若讎敵，舉世皆如此，惑之甚矣。」夫，音扶，下同。衣，去聲。○閭閻，里巷之門也。仇敵，仇讎相敵也。惑，謂蔽惑而不知輕重也。夫愛父母之口體犬馬，重於己之口體犬馬者，天理之明也。愛父母之子，輕於己之子者，人欲之蔽也。推其所明，而達之於其所蔽，則弟矣。

❶「叉」，霍刻本作「舉」。
❷「欲」，霍刻本作「厚」。

○橫渠先生曰：「《斯干》詩言：『兄及弟矣，式相好矣，無相猶矣。』言兄弟宜相好，不要相學。猶，似也。人情大抵患在施之不見報則輟，故恩不能終。不要相學，己施之而已。」好，如字。輟，音拙。己，音紀。○《斯干》，《小雅》篇名。式，語辭。好，和好。輟，止也。朱子曰：「不要相學，是不要相學其不好處。如兄能愛其弟，弟却不恭其兄；兄豈可學弟之不恭，而遂忘其愛？但當盡其愛而已。如弟能恭其兄，兄却不愛其弟；弟豈可學兄之不愛，而遂忘其恭？但當盡其恭而已。」

○伊川先生曰：「近世淺薄，以相歡狎爲相與，以無圭角爲相歡愛。如此者，安能久？若要久，須是恭敬。君臣朋友，皆當以敬爲主也。」歡狎，爲歡好而褻狎也。無圭角，謂去方而爲圓也。

○橫渠先生曰：「今之朋友，擇其善柔以相與，拍肩執袂以爲氣合，一言不合怒氣相加。朋友之際，欲其相下不倦，故於朋友之間，主其敬者，日相親與，得效最速。」袂，音寐。○善柔，謂善爲柔媚。氣合，謂意氣相合。相下，謂彼此相讓。效，即忠告善道之益也。

○《童蒙訓》曰：「同僚之契，交承之分，有兄弟之義。至其子孫，亦世講之。前輩專以此爲務，今人知之者蓋少矣。又如舊舉將及嘗爲舊任按察官者，後己官雖在上，前輩皆辭避坐下坐。風俗如此，安得不厚乎？」分，音問。將，去聲。○交承，新舊官交代也。舉將，舉主也。

○范文正公爲參知政事時，告諸子曰：「吾貧時，與汝母養吾親。汝母躬執爨，而吾親甘旨未嘗充也。今而得厚禄，欲以養親，親不在矣。汝母亦已早世。吾所最恨者，忍令若曹享富貴之樂也。爨，取亂切。樂，音雒。○公，名仲淹，字希文，謚文正，宋吴縣人。公二歲而孤。親，謂母也。爨，炊爨也。甘旨，美味也。早世，早没也。若曹，汝輩也。吾吴中宗族甚衆，於吾固有親疏，然吾祖宗視之，則均是子孫，固無親疏也。苟祖宗之意無親疏，則饑寒者，吾安得不恤也？自祖宗來，積德百餘年而始發於吾，得至大官。若獨享富貴而不恤宗族，異日何以見祖宗於地下？今何顔入家廟乎？」於是恩例俸賜常均於族人，并置義田宅云。恩例，異數也。俸賜，常典也。范氏義莊，人日食米一升，歲衣縑一匹，嫁娶喪葬，皆有給。

○司馬温公曰：「凡爲家長，必謹守禮法，以御羣子弟及家衆。分之以職，授之以事，而責其成功。制財用之節，量入以爲出，稱家之有無以給。上下之衣食及吉凶之費皆有品節，而莫不均一。裁省冗費，禁止奢華，常須稍存贏餘，以備不虞。」稱，去聲。贏，音盈。○禮，先王所制。法，國家所立。御，統也。家衆，婢僕輩也。職，如主庖廪、掌田園之類。事，如治産業、給征役之類。量入以出，入多則出多，入少則出少也。稱家以給，有則豐，無則儉也。吉凶，謂冠婚喪祭之事。品節，言其當。均一，言其平。冗，雜；贏，剩；備，防也。不虞，謂不可虞度之事，如水火盜賊之類。此皆制財用之節也。

右廣明倫。李氏曰：「首十四章，廣父子之親。次十章，廣君臣之義。次八章，廣夫婦之别。次四章，廣長幼之序。次三章，廣朋友之交。末二章，通論五倫之義。」

董仲舒曰：「仁人者，正其誼不謀其利，明其道不計其功。」誼、義同。○仲舒，漢廣川人。仁者，心之德。仁人者，無私欲而有其德者也。義者，人心之裁制。道者，天理之自然。功，功效也。朱子曰：「道是大綱説，義是就一事上説。正義未嘗不利，明道豈必無功，但不先以功利爲心耳。」

○孫思邈曰：「膽欲大而心欲小，智欲圓而行欲方。」行，去聲。○思邈，唐京兆人。膽大，謂敢爲。心小，謂畏敬。智圓，謂通變。行方，謂有守。

○古語云：「從善如登，從惡如崩。」古語，國語。升高曰登，墜下曰崩。朱子曰：「善者，天命所賦之本然。惡者，物欲所生之邪穢。」真氏曰：「從善如登，善難進也；從惡如崩，惡易陷也。」

○孝友先生朱仁軌隱居養親，嘗誨子弟曰：「終身讓路，不枉百步；終身讓畔，不失一段。」先生字德容，孝友，私謚也，唐亳州人。畔，田界也。終身讓路，無枉百步之時。終身讓畔，無失一段之時。何憚而不爲乎？

○濂溪周先生曰：「聖希天，賢希聖，士希賢。濂溪，地名。先生名敦頤，字茂叔，宋道州人。朱子曰：「希，望也。」伊尹、顏淵，大賢也。伊尹恥其君不爲堯舜，一夫不得其所，若撻于市。顏淵不遷怒，不貳過，三月不違仁。朱子曰：「皆賢人之事也。」又曰：「三月言其久。仁者，心之德。

不違仁者，無私欲而有其德也。」吴氏曰：「若撻於市，言恥之甚也。」志伊尹之所志，學顔淵之所學，朱子曰：「此言士希賢也。」過則聖，及則賢，不及則亦不失於令名。」朱子曰：「三者隨其用力之淺深，以爲所至之近遠。不失令名，以其有爲善之實也。」

○「聖人之道，入乎耳，存乎心，藴之爲德行，行之爲事業。彼以文辭而已者，陋矣。」行，去聲。○聖人之道，仁義中正而已矣。積於中爲德行，道之體也。發於外爲事業，道之用也。陋，謂卑陋。

○仲繇喜聞過，令名無窮焉。今人有過不喜人規，如護疾而忌醫，寧滅其身而無悟也，噫！朱子曰：「喜其得聞而改之。規，規諫。悟，悔悟。噫，傷痛聲。過不改，則爲惡而速禍矣。」

○明道先生曰：「聖賢千言萬語，只是欲人將已放之心約之，使反復入身來，自能尋向上去，下學而上達也。」約，猶收也。下學而上達，下學人事而上達天理也。朱子曰：「所謂反復入身來，不是將已縱出底收拾轉來，只是知求則心便在，便是反復入身來。」又曰：「能求放心，則志氣清明，義理昭著，而可以上達矣。」

○「心要在腔子裏。」腔，音羌。○腔子，猶言身子耳。朱子曰：「心之爲物，至虚至靈，神妙不測，常爲一身之主，以提萬事之綱，而不可有頃刻之不存者也。一不自覺而馳騖飛揚，以徇物欲於軀殼之外，則一身無主，萬事無綱。雖其俯仰顧盼之間，在己不自覺其身之所在矣。❶」又曰：「敬便在腔子裏。」

---

❶ 上「在」，沈刻本作「盖」。

〇伊川先生曰：「只整齊嚴肅，則心便一，一則自無非辟之干。」辟，音僻。〇整齊嚴肅，如正衣冠、尊瞻視之類。一，專一也。盧氏曰：「外面整齊嚴肅，則内面便一。内面一，則外面便無非僻之干。」

〇伊川先生甚愛《表記》「君子莊敬日彊，安肆日偷」之語。蓋常人之情，纔放肆則日就曠蕩，自簡束則日就規矩。《表記》，《禮記》篇名。彊，彊立也。偷，偷惰也。「常人」以下，程子釋《記》之言。規，所以爲圓之器；矩，所以爲方之器，喻禮度也。周氏曰：「安肆日偷，亦言君子者，謂雖爲君子，或安肆，則日入於偷也。」

〇「人於外物奉身者，事事要好，只有自家一箇身與心，却不要好。苟得外物好時，却不知道自家身與心已自先不好了也。」外物之奉身，如飲食、衣服、宫室之類。身不好，謂身不簡。心不好，謂心不收。

〇伊川先生曰：「顔淵問克己復禮之目，孔子曰：『非禮勿視，非禮勿聽，非禮勿言，非禮勿動。』朱子曰：「克，勝也。己，謂身之私欲也。復，反也。禮者，天理之節文也。目，條件也。非禮者，己之私也。勿者，禁止之辭。是人心之所以爲主，而勝私復禮之機也。」四者身之用也，繇乎中而應乎外，制乎外所以養其中也。顔淵事斯語，所以進於聖人。後之學聖人者，宜服膺而勿失也。因箴以自警。」視聽言動，皆身之用，繇心而出者也。非禮勿視、聽、言、動，所以制外而養心也。事，從事也。進者，進步幾及之意。服，著也。膺，胸也。奉持而著之心胸之間也。朱子曰：「繇中應外，泛言其理如此耳。制外養中，方是説做工夫處。」其《視箴》曰：「心兮本虚，應物無迹。操之有要，視爲之則。蔽交於前，其中則遷。制之於外，以安其内。克己復禮，久而誠矣。」操，平聲。○心之體，本自虚明，而其用則隨物而應，無有形迹。操而存之之要，以視爲則而已。蓋物欲之蔽，交接於前，則心隨之以遷，此非禮之視，所以當制也。制之於外，克己也。以安其内，復禮也。至於真積力久，則誠矣。誠者，從容不勉者也。朱子曰：「人之視聽言動，視最在先，爲操心之準則。」其《聽箴》曰：「人有秉彝，本乎天性。知誘物化，遂亡其正。卓彼先覺，知止有定。閑邪存誠，非禮勿聽。」性，即理也。人之秉彝，乃得於天之正理也。聽非禮，則心之知爲物所引誘，與之俱化，而正理遂亡矣。惟彼先覺之人，卓然自立，知其所當止，而志有定向，故能防閑其邪妄於外，而存其實理於内，自然非禮勿聽之也。其《言箴》曰：「人心之動，因言以宣。發禁躁妄，内斯静專。矧是樞機，興戎出好。吉凶榮辱，惟其所召。傷易則誕，傷煩則支。己肆物忤，出悖來違。非法不道，欽哉訓辭。」躁，音竈。好如字。叶，去聲。易，音異。誕，音但。忤，音誤。○宣，布也。人心有動於内，因言以宣於外。所謂言者，心之聲也。發，發言也。言不煩躁，則心安静。言不妄誕，則心專一。矧，況也。樞機，喻言，説見范魯公詩。戎，兵也。好，善也。謂言能興戎出好，且召吉凶榮辱也。傷於輕易則妄誕，傷於煩多則支蔓。❶己放肆，則忤

❶「蔓」，霍刻本作「離」。

於人。出者逆，則來者違。四者，言之病也。道，言也。欽，敬也。訓辭，訓戒之辭，即非法不道也。其《動箴》曰：「哲人知幾，誠之於思。志士勵行，守之於爲。順理則裕，從欲惟危。造次克念，戰兢自持。習與性成，聖賢同歸。」幾，平聲。行，去聲。造，音操。○思者，動於心也，惟知幾之哲人能誠之。爲者，動於身也，惟勵行之志士能守之。二者雖不同，然皆順理則安裕，從欲則危險也。動於心，造次而能念；動於身，戰兢而自持，内外交致其力也。習之久，而與氣質之性俱成，則賢亦聖矣，故曰同歸。一說：聖，性之也，謂哲人；賢，習之也，謂志士；及其成功則一也，故曰同歸。朱子曰：「此章問答，乃傳授心法切要之言。程子之箴，發明親切，學者尤宜深玩。」

○伊川先生言：「人有三不幸：少年登高科，一不幸；席父兄之勢爲美官，二不幸；有高才，能文章，三不幸也。」幸，猶慶也。席，猶藉也。少年登高科者，學未優。藉勢爲美官者，人不稱。有高才能文章者，恒無德以將之。此三者皆不足以致遠，故謂之不幸。

○横渠先生曰：「學者捨禮義，則飽食終日無所猷爲，與下民一致，所事不踰衣食之間，燕遊之樂耳。」樂，音雒。○捨，棄也。猷爲，謀猷作爲也。下民，下等之人也。一致，猶言同歸。踰，過也。

○范忠宣公《戒子弟》曰：「人雖至愚，責人則明；雖有聰明，恕己則昏。爾曹但常以責人之心責己，恕己之心恕人，不患不到聖賢地位也。」公名純仁，字堯夫，忠宣，謚也，文正公之子。

朱子曰：「恕是推去的。於己，不當下『恕』字。若欲修潤其語，當曰：『以愛己之心愛人。』」吴氏曰：「恕字之義，范公蓋以寬恕爲言。」

○吕滎公嘗言：「後生初學，且須理會氣象。氣象好時，百事是當。氣象者，辭令容止，輕重疾徐，足以見之矣。不惟君子小人於此焉分，亦貴賤壽夭之所繇定也。」當，去聲。○公名希哲，字原明，宋東萊人，封滎陽郡公。理會，謂省察矯揉之。辭令出諸口，容止見諸身，乃德之符也。故端重安徐者，爲君子，爲貴爲壽；輕浮躁疾者，爲小人，爲賤爲夭。熊氏曰：「氣象，不過言貌二者而已。」

○「攻其惡，無攻人之惡。」蓋自攻其惡，日夜且自點簡，絲毫不盡，則慊於心矣，豈有工夫點簡他人耶？慊，苦簟切。○攻，專治也。「攻其惡，無攻人之惡」，孔子之言也。蓋，發語辭。士之簡身，一念惡未盡去，即有愧於心矣，何暇責人哉？

○大要前輩作事多周詳，後輩作事多闕略。大要，猶言大抵。周則無闕，詳則不略。用心勤密，則作事多周詳。用心疎怠，則作事多闕略。

○「恩讎分明」，此四字非有道者之言也。「無好人」三字，非有德者之言也。後生戒之。孔子曰：「以德報德，以直報怨。」是恩讎不當分明也。孟子曰：「人皆可以爲堯舜。」是世未嘗無好人也。

○張思叔《座右銘》曰：「凡語必忠信，凡行必篤敬。飲食必慎節，字畫必楷正。行，去聲。○思叔，名鐸，宋河南人。銘者，自警之辭。慎，謂不苟食。節，謂不恣食。楷，謂不草率。正，謂不偏邪。容貌必端莊，衣冠必肅整。步履必安詳，居處必正靜。處，上聲。○皆敬也。作事必謀始，出言必顧行。常德必固持，然諾必重應。見善如己出，見惡如己病。行，去聲。○事謀於始，則無後悔。言顧其行，則非虛言。常德，平常之德，持之固，則不失。然、諾，皆應辭。應之重，則思踐。如己出，冀己亦有是善也。如己病，恐己亦有是惡也。凡此十四者，我皆未深省。書此當座隅，朝夕視爲警。」省，察也。警，戒也。

○胡文定公曰：「人須是一切世味淡薄方好，不要有富貴相。孟子謂『堂高數仞，食前方丈，侍妾數百人，我得志不爲』。學者須先除去此等，嘗自激昂，便不到得墜墮。一切世味，如飲食、衣服、居室之類。淡薄，謂食取充腹，衣取蔽形，居室取蔽風雨也。富貴相，驕奢之態也。八尺曰仞。方丈，食饌列於前者，方一丈也。此所謂富貴相也。激昂，猶奮發也。墜、墮，皆落也。不以富貴爲事，嘗自激昂而爲善，則不淪於汙下矣。常愛諸葛孔明當漢末躬耕南陽，不求聞達。後來雖應劉先主之聘，宰割山河，三分天下，身都將相，手握重兵，亦何求不得，何欲不遂？乃與後主言：『成都有桑八百株，薄田十五頃，子孫衣食自有餘饒。臣身在外，別無調度，不別治生，以長尺寸。若死之日，不使廩有餘粟，庫有餘財，以負陛下。』及卒，果如其言。如此輩人，真可謂大丈夫矣。」握，一角切。調，去聲。度，去聲。○南陽，地名。先主，漢昭烈也。嘗三顧武侯於草廬之中。宰，宰制。割，分割。三分天下，謂昭烈居蜀，曹操居中原，孫權居江南，分天下爲三國也。都，猶居也。握，猶掌也。成都，郡名。百畝爲頃。饒，亦餘也。調度，猶言區畫。長，增益也。尺寸，猶言毫末。背恩忘德曰負。躬耕南陽，若將終身。及爲將相，志惟興漢。孟子稱大丈夫貧賤不能移，富貴不能淫。武侯有之矣。

○范益謙《座右戒》曰：「一、不言朝廷利害、邊報差除。二、不言州縣官員長短得失。三、不言衆人所作過惡。四、不言仕進官職，趨時附勢。五、不言財利多少，厭貧求富。六、不言淫媟戲慢，評論女色。七、不言求覓人物，干索酒食。」媟，音屑。評，音平。覓，音密。索，音色。○益謙，名冲，宋人。利害，謂事有利有害也。邊報，邊境之報也。遣使曰差，授官曰除。無心失理爲過，有心悖理爲惡。媟，狎也。淫媟戲慢，皆邪僻之事。覓、干、索，皆求也。又曰：「一、人附書信，不可開拆沉滯。開拆，則干人之私。沉滯，則誤人之託。二、與人並坐，不可窺人私書。窺，竊視也。三、凡入人家，不可看人文字。文字，如書簡簿籍之類。四、凡借人物，不可損壞不還。物，如書籍器物之類。五、凡喫飲食，不可揀擇去取。謂揀擇以去其不可意者，而取其可意者。如夏擇清涼，冬擇和暖之類。六、與人同處，不可自擇便利。七、見人富貴，不可歎羡詆毀。詆，音底。○慕之則歎羡，惡之則詆毀。凡此數事，有犯之者足以見用意之不肖，於存心修身大有所害，因書以自警。」凡此數事，學者所當察之於念慮之萌，謹之於事爲之著者也。

○胡子曰：「今之儒者，移學文藝、干仕進之心，以收其放心，而美其身，則何古人之不可及哉！父兄以文藝令其子弟，朋友以仕進相招，往而不返，則心始荒而不治，萬事之成，咸不逮古先矣。」胡子，名宏，字仁仲，文定公之子。言今之儒者，學文藝而干仕進，其用心最勤，能移此心以存心修身，雖古人亦可及也。往而不返，謂心馳逐於文藝、仕進而不知返也。心者，萬事之本。心既荒，故萬事之成皆不及古之人矣。

○《顔氏家訓》曰：「夫所以讀書學問，本欲開心明目，利於行耳。夫，音扶。○開心明目，猶言推極知識也。利者，行無不得之謂。未知養親者，欲其觀古人之先意承顔，怡聲下氣，不憚劬勞，以致甘腝，惕然慚懼，起而行之也。腝，音輭。惕，他歷切。○先意，道迎父母之善意也。惕然，慚懼意。吴氏曰：「先意而承順顔色，怡聲而低下其氣，所謂養志也。不憚己之疲勞，以營奉甘腝之飲食，所謂養口體也。此皆古人之所行者，今因讀書學問而知之，故必惕然慚懼，興起而必欲行之也。」後五者文意皆倣此。未知事君者，欲其觀古人之守職無侵，見危授命，不忘誠諫，以利社稷，惻然自念，思欲效之也。守職無侵，有官守者脩其職，有言責者盡其忠也。見危授命，知有君而不知有身也。不忘誠諫，以利社稷，知有國而不知有家也。惻然，感念意。素驕奢者，欲其觀古人之恭儉節用，卑以自牧，禮爲教本，敬者身基，瞿然自失，斂容抑志也。瞿，音句。○素，平日也。驕矜、奢縱，汲於氣者也。自牧，自處也。禮以律人，敬以立己。瞿然，自失貌。收斂其容，抑下其志，則不驕奢矣。素鄙悋者，欲其觀古人之貴義輕財，少私寡慾，忌盈惡滿，賙窮卹匱，赧然悔恥，積而能散也。悋，音吝。惡，烏故切。賙，音周。卹、恤同。赧，乃板切。○鄙，鄙陋；悋，悋嗇；慾，貪欲也。盈則溢，故可忌。滿則覆，故可惡。匱，乏也。赧然，慚而面赤之貌。積財而能散施，則不鄙悋矣。素暴悍者，欲其觀古人之小心黜己，齒弊舌存，含垢藏疾，尊賢容衆，苶然沮喪，若不勝衣也。悍，音旱。黜，音出。苶，音涅。沮，再吕切。喪，去聲。勝，音升。○猛暴强悍，剛惡也。黜己，自退抑也。齒弊舌存，喻强死而弱生也。含垢，猶言忍恥。藏疾，猶言隱惡。衆，謂衆人。苶然，沮喪貌，謂自沮喪其暴悍之氣也。素怯懦者，欲其觀古人之達生委命，强毅正直，立言必信，求福不回，勃然奮厲，不可恐懼也。怯，乞葉切。懦，音糯。○怯耎懦弱，柔惡也。達生委命，達生死之常理而委之命也。求福不回，不爲回邪之行以求福也。勃然，奮厲貌，謂奮發振厲以去其怯懦也。歷兹以往，百行皆然。縱不能淳，去泰去甚，學之所知，施無不達。世人讀書，但能言之，不能行之。武人俗吏所共嗤詆，良繇是耳。去，上聲，下同。嗤，音笞。詆，音邸。○兹，指上文六者而言。皆然，謂皆如此取法古人也。人能勇於力行，雖或未至盡善，而氣習之偏駁泰甚者，亦必克而去之矣。蓋學之所知者，能力行之，自無不達也。達，即周子所謂行之利也。嗤，笑也。詆，毁也。又有讀數十卷書，便自高大，凌忽長者，輕慢同列，人疾之如讎敵，惡之如鴟梟。如此以學求益，今反自損，不如無學也。」梟，音鴞。○鴟梟，惡鳥。

○伊川先生曰：「《大學》，孔氏之遺書，而初學入德之門也。於今可見古人爲學次第者，獨賴此篇之存，而其他則未有如《論》《孟》者。故學者必繇是而學焉，則庶乎其不差矣。」《大學》之書，古之大學所以教人之法，孔子誦而傳之，以詔後世者也。德之爲言得也，行道而有得於心也。門，以比《大學》之書。蓋入德必繇乎《大學》，譬之入室必繇乎門也。爲學次第，謂格物、致知、誠意、正心、脩身、齊家、治國、平天下，有先後之序也。是，指《大學》而言。

○「凡看《語》《孟》，且須熟讀玩味，將聖人之言語切己，不可只作一場話説。看得此二書切己，終身儘多矣。❶」孔孟之言，皆實理也，熟讀其辭，玩味其理，而著之於己，則終身用之不能盡矣。

○「讀《論語》者，但將弟子問處便作己問，將聖人答處便作今日耳聞，自然有得。若能於《論》《孟》中深求玩味，將來涵養成，甚生氣質！」讀書當體認歸己，不徒誦説而已。輔氏曰：「將來涵養成，謂後來涵養成就也。」新安陳氏曰：「甚生氣質，謂愚者明，柔者强，生出好氣質也。」

○横渠先生曰：「《中庸》文字輩，直須句句理會過，使其言互相發明。」理會，謂深求玩味之。互，交互也。朱子曰：「張子之言，真讀書之要法，不但可施於《中庸》也。」

○六經須循環理會，儘無窮，待自家長得一格，則又見得别。古者以《易》《詩》《書》《禮》《樂》《春秋》爲六經。循環，謂周而復始。此「理會」，亦謂深求玩味也。儘無窮，謂義理無窮盡也。長一格，謂學

❶ 「矣」，元刻集成本、曹刻本作「也」。

有進也。學進，則所見益高矣。

○呂舍人曰：「大抵後生爲學，先須理會所以爲學者何事。舍人，呂本中也，嘗爲中書舍人。此「理會」，猶言識得也。蓋學所以爲道，如下文行止語默，須要盡合道理。及求古聖賢用心，竭力從之是已，非爲作文章取官禄計也。後生爲學，先須識得此意，然後志定而德業可成。一行一住，一語一默，須要盡合道理。默，不言也。學業則須是嚴立課程，不可一日放慢。每日須讀一般經書，一般子書，不須多，只要令精熟。須静室危坐，讀取二三百遍，字字句句，須要分明。又每日須連前三五授，通讀五七十遍，須令成誦，不可一字放過也。史書每日須讀取一卷，或半卷以上，始見功。須是從人授讀，疑難處便質問，求古聖賢用心，竭力從之。難，去聲。○經書，聖人之書。子書，賢人之書。史書，紀事之書。危坐，猶正坐也。質，正也。經書子書，必讀之精熟，反覆玩味，然後文義可通。史書，必讀一卷半卷以上，然後事之本末可見。皆必從師友授而讀之。有疑難，則取正審問，乃不差也。如是以求古聖賢所以用心，而盡力從之，道將爲我有矣。夫指引者，師之功也。行有不至，從容規戒者，朋友之任也。決意而往，則須用己力，難仰他人矣。」從，音聰。仰，去聲。○仰，資也。

○《呂氏童蒙訓》曰：「今日記一事，明日記一事，久則自然貫穿。今日辨一理，明日辨一理，久則自然浹洽。穿，去聲。浹，音接。洽，音匣。○此致知之事。久，謂日日如此，無間斷也。貫穿，通透也。理，即事中之理。辨，謂辨其是非。浹洽，謂心與理相涵矣。今日行一難事，明日行一難事，久則自然堅固。此力行之事。堅固，則身與事相安矣。渙然冰釋，怡然順理，久自得之，非偶然也。」釋，消也。林氏曰：「渙然解散，如春冰之釋。怡然喜悦，而衆理皆順。」

〇前輩嘗説，後生才性過人者不足畏，惟讀書尋思推究者爲可畏耳。又云，讀書只怕尋思，蓋義理精深，惟尋思用意爲可以得之。鹵莽厭煩者，決無有成之理。鹵，音魯。莽，母黨切。〇鹵莽，不用心也。熊氏曰：「人有才，貴乎有學，非學無以充其才。有學，貴乎有思，非思無以充其學。故後生可畏者，非以其才之難，既能學而又能思者爲難也。夫義理散在簡册之中，聖賢之言，不可以粗看，不可以淺窺，若鹵莽厭煩，則何繇知聖賢用心而窮其義理乎？」

〇《顔氏家訓》曰：「借人典籍，皆須愛護，先有缺壞，就爲補治。此亦士大夫百行之一也。爲、行，並去聲。〇百行，大而忠君孝親，小而手容恭、足容重皆是。借人器物，皆須保護，況書籍乎？或先損壞，即爲修補完好，實士君子之一行也。濟陽江禄讀書未竟，雖有急速，必待卷束整齊，然後得起，故無損敗，人不厭其求假焉。卷，音捲。〇濟陽，縣名。禄，字彦遐。竟，終也。假，借也。讀書雖遇急事，必整束而起，此亦可見其處事敬謹，宜乎人不厭其求借也。或有狼籍几案，分散部帙，多爲童幼婢妾所點污，風雨蟲鼠所毁傷，實爲累德。吾每讀聖人書，未嘗不肅敬對之。其故紙有五經詞義及聖賢姓名，不敢他用也。」籍，音席。污、累，並去聲。〇狼籍草而臥，❶去則穢亂，故

❶「籍」下，霍刻本有「席」字。

物之散亂曰狼籍。部帙，書册卷帙也。散污經書，實累大德，故顔氏書以爲世戒。且云，舊紙有經書之文，聖賢之姓名，皆不當别用，所以廣敬也。

○明道先生曰：「君子教人有序，先傳以小者近者，而後教以大者遠者。非是先傳以近小，而後不教以遠大也。」小者近者，謂灑掃、應對、進退之節。大者遠者，謂明德、新民之事。

○明道先生曰：「道之不明，異端害之也。昔之害近而易知，今之害深而難辨。昔之惑人也乘其迷暗，今之入人也因其高明。道者，聖人之道也。異端，非聖人之道而别爲一端，如楊、墨、老、佛是也。昔之害，謂楊、墨。今之害，謂佛氏。葉氏曰：「淺近，故迷暗者爲所惑。深微，故高明者反陷其中。」朱子曰：「楊、墨只是硬恁地做，爲我、兼愛，做得來也淺，不能惑人。佛氏最有精微動人處，從他説，愈深愈害人。」又曰：「他劈初頭便錯了，如『天命之謂性』，他把這箇便都做空虚説了。吾儒見得都是實。」自謂之窮神知化，而不足以開物成務；言爲無不周徧，實則外於倫理；窮深極微，而不可以入堯舜之道。天下之學，非淺陋固滯，則必入於此。言爲，夏氏曰：「所言所爲也。」佛氏空寂之教，自謂通神明之德，知變化之道，語大包法界，語小入微塵，或陳説道德，指陳心性，皆朱子所謂「彌近理而大亂真」者也。開物，謂人所未知者開發之。成務，謂人之欲爲者成全之。如三皇五帝造書契，教稼穡，制衣服、宫室之類是也。❶倫理，謂父子、君臣、夫婦、長幼、朋友之倫，有親、義、别、序、信之理也。堯舜之道，即

---

❶「服」，霍刻本、沈刻本作「裳」。「服」下，霍刻本有「造」字。

倫理也。淺陋固滯，如刑名術數之説，記誦詞章之習皆是。道不明，故天下之學，不入於淺陋固滯，必入於佛氏之空寂。自道之不明也，邪誕妖妄之説競起，塗生民之耳目，溺天下於污濁，雖高才明智，膠於見聞，醉生夢死，不自覺也。楊、墨、老、佛，皆邪誕妖妄之説也。塗，猶塞也。溺，猶陷也。膠，猶泥也。覺，悟也。言其迷溺之深，如醉如夢，自生至死而不悟也。是皆正路之蓁蕪、聖門之蔽塞，闢之而後可以入道。」正路，喻聖道。蓁，草盛貌。蕪，荒也。闢，開也。

右廣敬身。李氏曰：「首十六章，廣心術之要。次四章，廣威儀之則。次三章，廣衣服之制，及飲食之節。後十三章，通論爲學之道。」

小學集註卷之六

臣陳選集註

外篇

善行第六

此篇紀漢以來，賢者所行之善行，以實立教、明倫、敬身也。凡八十一章。

呂滎公，名希哲，字原明，中國正獻公之長子。正獻公居家，簡重寡默，不以事物經心。而中國夫人性嚴有法，雖甚愛公，然教公事事循蹈規矩。正獻公，名公著，字晦叔。相宋，封申國公。簡，簡要；重，重厚；寡，省事；默，慎言也。事物，謂外事外物。經，猶縈也。蹈，猶行也。規矩，喻禮度。事事依循禮度而行，下文所言是也。甫十歲，祁寒暑雨，侍立終日，不命之坐，不敢坐也。日必冠帶以見長者。平居雖甚熱，在父母長者之側，不得去巾襪縛袴，衣服唯謹。縛，音篆。○甫，始；祈，大；縛，繞也。縛袴，所以纏繞袴管者，亦謂之偪。首之巾，足之襪，脛之縛袴，身之衣服，皆不得去。謹則又加整飭矣。行步出入，無得入茶肆酒肆。市井里巷之語，鄭衛之音，未嘗一經於耳。不正之書，非禮之色，未嘗一接於目。鄭、衛，二國名，其音淫。熊氏曰：「足不妄行，耳不妄聽，目不妄視。」正獻公通判潁州，歐陽公適知州事。焦先生千之伯强客文忠公所，嚴毅方正，正獻公招延之，使教諸子。諸生小有過差，先生端坐，召與相對，終日竟夕，不與之語。諸生恐懼畏服，先生方略降辭色。歐陽公，名修，字永叔，謚文忠。焦先生，名千之，字伯强。時寓歐陽公家。諸子諸生，皆謂滎公及其弟也。端，正也。降，猶舒也，解也。時公方十餘歲，内則正獻公與申國夫人教訓如此之嚴，外則焦先生化導如此之篤，故公德器成就大異衆人。公嘗言：「人生内無賢父兄，外無嚴師友，而能有成者少矣。」行成曰德，才成曰器。

○吕滎公張夫人，待制諱昷之之幼女也，最鍾愛。然居常至微細事，教之必有法度，如飲食之類，飯羹許更益，魚肉不更進也。時張公已爲待制、河北都轉運使矣。昷，音温。使，去聲。○夫人，滎公之妻。待制，官名。諱，即名也。生曰名，死曰諱。鍾，聚；更，再；益，增也。都轉運使，亦官名。張公已貴顯矣，而示女子以儉約如此，非特教子者所當法，亦守官者所當法也。及夫人嫁吕氏，夫人之母，申國夫人姊也，一日來視女，見舍後有鍋釜之類，大不樂，謂申國夫人曰：「豈可使小兒輩私作飲食，壞家法耶？」其嚴如此。樂，音雒。○張待制、吕正獻公，皆魯參政宗道之壻。

○唐陽城爲國子司業，引諸生告之曰：「凡學者，所以學爲忠與孝也。諸生有久不省親者乎？」明日，謁城還養者二十輩。有三年不歸侍者，斥之。養，去聲。○唐，李氏王天下之號。

城，字亢宗，定州人。謁，告也。斥，逐也。

○安定先生胡瑗，字翼之，患隋唐以來仕進尚文辭而遺經業，苟趨禄利。及爲蘇、湖二州教授，嚴條約，以身先之，雖大暑，必公服終日，以見諸生，嚴師弟子之禮。解經至有要義，懇懇爲諸生言其所以治己而後治乎人者。學徒千數，日月刮劘，爲文章，皆傅經義，必以理勝，信其師説，敦尚行實。後爲太學，四方歸之，庠舍不能容。瑗，音願。先，去聲。懇，口狠切。爲，去聲。劘，音磨。傅，音附。行，去聲。○條，教條。約，約束。以身先之，謂躬行以率之。要義，即治人治己之道。❶懇懇，切到之意。治己而後治人，明體適用之學也。刮劘，刮垢劘光也，兼文行而言。傅，依也。必以理勝，不尚辭也。信，尊信也。安定後爲國子直講，四方學者歸之，故庠舍不能容。其在湖學，置經義齋、治事齋。經義齋者，擇疏通有器局者居之。治事齋者，人各治一事，又兼一事，如治民、治兵、水利、算數之類。其在太學亦然。疏通，謂才識明達。有器局，謂器局正大。其弟子散在四方，隨其人賢愚，皆循循雅飭，其言談舉止，遇之不問可知爲先生弟子。其學者相與稱先生，不問可知爲胡公也。飭，音赤。○循循，雅正謹飭之貌。言動皆雅飭，故遇之則知其爲安定弟子。學者皆尊師，故稱先生，則知其爲安定。

---

❶「治人治己」，霍刻本作「治己治人」。

○明道先生言於朝曰：「治天下以正風俗、得賢才爲本。風者，上所化；俗者，下所習。賢，有德者；才，有能者。二者固治天下之本，然得賢才，斯可以正風俗，則得賢才，又正風俗之本也。宜先禮命近侍賢儒及百執事，悉心推訪有德業充備足爲師表者，其次有篤志好學材良行修者，延聘敦遣，萃於京師，朝夕相與講明正學。好、行，俱去聲。○悉，盡也。推訪，推求詢訪也。延聘，謂迎之以禮。敦遣，謂送之以禮。萃，聚；京，大；師，衆也。天子之都曰京師。其道必本於人倫，明乎物理。其教自小學灑掃應對以往，脩其孝弟忠信，周旋禮樂。其所以誘掖激勵、漸磨成就之道皆有節序。其要在於擇善脩身，至於化成天下，自鄉人而可至於聖人之道。漸，音尖。○誘之掖之，使有進。激之勵之，使無退。漸之磨之，使不苦其難。皆所以成就之。正學，不出乎人倫物理而已。灑掃應對，以至周旋禮樂，小學之教也。誘掖激勵，漸磨成就之，成其始也。擇善脩身，以至化成天下，大學之教也。自鄉人而至於聖人之道，成其終也。其學行皆中於是者爲成德，取材識明達可進於善者，使日受其業。擇其學明德尊者爲太學之師，次以分教天下之學。行，去聲。中，去聲。○中於是，謂合於小學、大學之教也。以成德爲師，取才識之明達者受其教，及學之既成，上者使教國學，其次以分教州縣之學也。此三節，言擇師之法。擇士入學，縣升之州，州賓興於太學，太學聚而教之，歲論其賢者能者於朝。縣，謂縣學。州，謂州學。《王制》曰：「論定然後官之。」凡選士之法，皆以性行端潔，居家孝悌，有廉恥禮讓，通明學業，曉達治道者。」行，去聲。○選，亦擇也。此兩節，言擇士之法。朱子曰：「明道論學制最爲有本，讀之未嘗不慨然發嘆也。」

○伊川先生看詳學制，大概以爲學校禮義相先之地，而月使之争，殊非教養之道，請改試爲課。有所未至，則學官召而教之，更不考定高下。伊川嘗充崇政殿説書，同孫覺等看詳國子監條制。相先，猶相尚。月使之争，謂月有試以較其高下，是使之争競也。制尊賢堂以延天下道德之士，鐫解額以去利誘，省繁文以專委任，勵行簡以厚風教。及置待賓、吏師齋，立觀光法，如是者亦數十條。鐫，子全切。解，居隘切。去，上聲。行，去聲。○制，置也。延，待也。鐫，謂刻定之。解，猶貢也。額，數也。宋元豐中以利禄誘士，國學解額增至五百人，來者奔湊。程子蓋欲量留百人，餘四百分於州郡，使士人各安鄉土也。省，減也。繁文，吏牘之類。師儒之官，不責以小文，所以專委任也。行簡，爲行誼名簡。❶待賓齋，所以待行能可賓敬者。吏師齋，則通於治道，可爲吏之師法者居之。觀光，謂觀見國之盛德光輝。立觀光法，蓋以處來學之士也。

○《藍田吕氏鄉約》曰：「凡同約者，德業相勸，藍田，縣名。吕氏兄弟四人：大中、大防、大約、大臨。鄉約，與鄉人約誓也。勸，勉也。本註：德，謂見善必行，聞過必改。能治其身，❷能治其家，能事父兄，能教子弟，能御童僕，能事長上，能睦親故，能擇交游，能守廉介，能廣施惠，能受寄託，能救患難，能導人

❶「爲」，霍刻本作「謂」。
❷「治」，霍刻本作「脩」。

爲善，能規人過失，能爲人謀事，能爲衆集事，能解鬭爭，能決是非，能興利除害，能居官舉職。業，謂居家則事父兄，教子弟，待妻妾；在外則事長上，接朋友，教後生，御童僕；至於讀書、治田、營家、濟物，如禮、樂、射、御、書、數之類，皆可爲之。非此之類，皆爲無益。過失相規，規，猶戒也。本註：犯義之過六：一曰酗博鬭訟，二曰行止踰違，三曰行不恭遜，四曰言不忠信，五曰造言誣毁，六曰營私太甚。不修之過五：一曰交非其人，二曰遊戲怠惰，三曰動止無儀，❶四曰臨事不恪，五曰用度不節。禮俗相交，本註：謂婚姻、喪葬、祭祀之禮，有往還書問慶弔之節。患難相䘏。本註：一曰水火，二曰盗賊，三曰疾病，四曰死喪，五曰孤弱，六曰誣枉，七曰貧乏。有善則書於籍，有過若違約者亦書之。三犯而行罰，不悛者絶之。」悛，音銓。○若，及也。悛，改也。絶之，使不與約也。

○明道先生教人，自致知至於知止，誠意至於平天下，灑掃應對至於窮理盡性，循循有序。格物、致知，所以求知所止。誠意、正心、脩身、齊家、治國、平天下，所以求得所止。灑掃、應對，小學之教也。窮理，即致知至於知止之事；盡性，即誠意至於平天下之事，《大學》之教也。循循，有次序貌。謂先習之於小學，而後進之於大學。而《大學》之教，又自有其序也。病世之學者捨近而趨遠，處下而闚高，所以輕自大而卒無得也。闚，音窺。○趨，奔也。闚，猶闞也。卒，終也。此學者之大病。程子教

❶「止」，霍刻本、沈刻本作「作」。

人，循循有序，蓋病乎此矣。吴氏曰：「行遠自近，升高自下，學之序也。自大小學之序言，❶灑掃、應對，近者下者也；窮理、盡性，高者遠者也。以《大學》之序言之，格物、致知、誠意、正心、脩身，非近而下者乎？齊家、治國、平天下，非高而遠者乎？」

右實立教。

江革少失父，獨與母居。遭天下亂，盜賊並起，革負母逃難，備經險阻，常採拾以爲養。數遇賊，或劫欲將去，革輒涕泣哀求，言有老母，辭氣愿欵，有足感動人者。賊以是不忍殺之，❷或乃指避兵之方，遂得俱全於難。少，去聲。難，去聲，下同。養，去聲。數，音朔。愿，音願。○漢江革，字次翁，臨淄人。備經險阻，謂偏歷道路之艱危。採拾，謂採取草木之可食者。數，頻也。劫欲將去，謂欲脅革以去也。愿欵，誠慤也。俱全，謂母子皆保全也。轉客下邳，貧窮裸跣，行傭以供母，便身之物，莫不畢給。裸，魯果切。跣，蘇典切。傭，音庸。○轉客，猶飄泊。下邳，今邳州。裸，露身。跣，露足。行傭，爲雇工也。便身之物，謂母身所便安之物。畢，猶皆也。給，猶足也。

○薛包好學篤行，父娶後妻而憎包，分出之。包日夜號泣，不能去，至被毆杖。不得

❶「大」，霍刻本作「夫」。
❷「殺」，資講本作「犯」。

已，廬於舍外，旦入而灑掃，父怒，又逐之。乃廬於里門，晨昏不廢。積歲餘，父母慚而還之。後服喪過哀。好，去聲。行，去聲。號，平聲。毆，音嘔。○漢薛包，字孟嘗，汝南人。不能，猶不忍。里門，巷門也。不廢，謂不廢定省之禮。既而弟子求分財異居，包不能止，乃中分其財。奴婢引其老者，曰：「與我共事久，若不能使也。」田廬取其荒頓者，曰：「吾少時所理，意所戀也。」器物取其朽敗者，曰：「我素所服食，身口所安也。」弟子數破其産，輒復賑給。少，去聲。戀，龍眷切。數，音朔。復，去聲。○既，謂服喪已也。弟子，弟及其子也。中分，均分也。共事，同事也。若，汝也，指弟子。荒，謂田畝荒蕪。頓，謂廬舍傾頓。服，用也。

○王祥性孝，蚤喪親。繼母朱氏不慈，數譖之，繇是失愛於父，每使掃除牛下，祥愈恭謹。父母有疾，衣不解帶，湯藥必親嘗。母嘗欲生魚，時天寒冰凍，祥解衣將剖冰求之，冰忽自解，雙鯉躍出，持之而歸。母又思黄雀炙，復有雀數十飛入其幕，復以供母。鄉里驚歎，以爲孝感所致。有丹柰結實，母命守之，每風雨，祥輒抱樹而泣。其篤孝純至如此。數，音朔。譖，則禁切。剖，普厚切。炙，音柘。幕，音莫。○晉王祥，字休徵，琅琊人。親，母也。譖，毁也。失愛於父，不得父之愛也。牛下，牛糞。剖，破也。炙，炙肉。驚歎，驚異嗟歎也。孝感，謂魚雀之至，皆孝誠之感動也。丹，紅色。柰，果名。

○王裒字偉元，父儀爲魏安東將軍司馬昭司馬。東關之敗，昭問於衆曰：「近日之事，誰任其咎?」儀對曰:「責在元帥。」昭怒曰:「司馬欲委罪於孤邪?」遂引出斬之。哀,蒲侯切。〇儀,哀父名。魏,曹氏簒國之號。上「司馬」,覆姓。下「司馬」,官名。言儀爲魏國安東將軍司馬昭之司馬也。東關,地名。敗,謂戰敗。咎,罪也。元帥,稱昭。孤,昭自稱也。哀痛父非命,於是隱居教授,三徵七辟皆不就。廬於墓側,旦夕常至墓所拜跪。❶攀栢悲號,涕淚著樹,樹爲之枯。讀詩至「哀哀父母,生我劬勞」,未嘗不三復流涕。門人受業者並廢《蓼莪》之篇。辟,音壁。號,平聲。著,直略切。復,音福。蓼,音六。〇朝廷召曰徵,郡國舉曰辟。「哀哀父母,生我劬勞」,《蓼莪》詩之辭。三復,謂再三反覆誦之。廢《蓼莪》篇者,恐其師哀感,故舍之而不誦也。家貧躬耕,計口而田,度身而蠶。或有密助之者,哀皆不聽。及司馬氏簒魏,哀終身未嘗西向而坐,以示不臣于晉。度,音鐸。簒,初患切。〇密,猶私也。聽,猶從也。逆而奪取之曰簒。昭既死,子炎簒魏,自立爲晉。衣食不求豐裕,而坐不面闕,皆痛父非命,不忍故爾。

〇晉西河人王延,事親色養,夏則扇枕席,冬則以身溫被。隆冬盛寒,體常無全衣,而親極滋味。養,去聲。扇,平聲。〇西河,縣名。延,字延元。色養,以和悦之顔色而奉養也。以,用也。全,完也。滋味,猶言甘旨。

---

❶「夕」,資講本作「夜」。

○柳玭曰：「崔山南昆弟子孫之盛，鄉族罕比。山南曾祖王母長孫夫人年高無齒，祖母唐夫人事姑孝，每旦櫛縰笄，拜于階下，即升堂乳其姑。長孫夫人不粒食數年而康寧。乳，去聲。○山南，名琯，唐博陵人。爲山南西道節度使，故稱山南。昆，兄也。王，大也。曾祖王母，即曾祖母也，姓長孫。不粒食而康樂安寧，繇飲乳也。一日疾病，長幼咸萃，宣言無以報新婦恩，願新婦有子有孫，皆得如新婦孝敬。則崔氏之門安得不昌大乎？」疾甚曰病。萃，聚也。

○南齊庾黔婁爲孱陵令，到縣未旬，父易在家遘疾。黔婁忽心驚，舉身流汗，即日棄官歸家，家人悉驚其忽至。孱，鉏山切。易，音異。遘，音垢。○南，南朝。齊，蕭氏僭國之號。黔婁，字子真。孱陵，縣名。旬，十日也。易，黔婁父名。遘，遇也。熊氏曰：「父子一體而分，父疾而子心驚汗出，自然之理也。」時易疾始二日，醫云：「欲知差劇，但嘗糞甜苦。」易泄利，黔婁輒取嘗之，味轉甜滑，心愈憂苦。至夕每稽顙北辰，求以身代。差，楚戒切。劇，音極。稽，音起。顙，蘇朗切。○病愈曰差，病甚曰劇。醫蓋以糞甜則病甚，糞苦則病愈矣。稽顙，叩頭也。北辰，北極也。

○海虞令何子平，母喪去官，哀毀踰禮，每哭踊，頓絶方蘇。屬大明末，東土饑荒，繼以師旅，八年不得營葬。晝夜號哭，常如袒括之日。冬不衣絮，夏不就清涼，一日以米數合爲粥，不進鹽菜。所居屋敗，不蔽風日。兄子伯興欲爲葺理，子平不肯，曰：「我情事未申，天地一罪人耳，屋何宜覆！」屬，音竹。袒，音但。葺，音緝。覆，敷救切。○海虞，縣名。子平，南朝會稽人。哀毁踰禮，痛傷過於禮也。頓絶，遽然氣絶也。蘇，猶醒也。屬，猶會也。大明，年號。東土，即會稽。軍法二千五百人爲師，五百人爲旅。營，謀爲也。袒，露臂。括，括髮。人子初喪之禮也。葺，修補也。情事未申，謂親未葬也。蔡興宗爲會稽太守，甚加矜賞，爲營塚壙。會，音檜。爲，去聲。○矜者憫其苦，賞者嘉其孝。

○朱壽昌生七歲，父守雍，出其母劉氏，嫁民間。母子不相知者五十年。壽昌行四方，求之不已。飲食罕御酒肉，與人言輒流涕。雍，去聲，下同。○壽昌，字康叔，宋天長人。父爲雍州太守。御，用也。熙寧初，棄官入秦，與家人訣，句。誓不見母不復還。行次同州，得焉，劉氏時年七十餘矣。雍守錢明逸以事聞，詔壽昌還就官，繇是天下皆知其孝。熙寧，年號。秦，即雍州之地。訣，别也。次，猶至也。明逸，字子飛。聞，謂言之於朝。法，棄官不得復就，以尋母故，優詔許之。壽昌再爲郡守，至是以母故通判河中府，迎其同母弟妹以歸。居數歲，母卒，涕泣幾喪明。拊其弟妹益篤，爲買田宅居之。其於宗族尤盡恩意，嫁兄弟之孤女二人，葬其不能葬者十餘喪。蓋其天性如此。幾，平聲。喪，去聲。拊，音府。爲，去聲。○河中府，今蒲州也，近同州。壽昌嘗爲閬、廣德二郡守，至是以便於養母之故，辭郡守而爲河中通判。拊，安慰也。推愛母之心，而篤於同母弟妹；推愛父之心，而篤於宗族兄弟，蓋至孝出於天性而然。

○伊川先生家治喪不用浮屠，在雒亦有一二人家化之。雒，音樂。○浮屠，佛氏也。雒，水名，在河南。

○霍光出入禁闥二十餘年，小心謹慎，未嘗有過。爲人沉静詳審，每出入下殿門，進止有常處，郎、僕射竊識視之，不失尺寸。闥，音達。下，去聲。射，音夜。識，音志。○光，字子孟，漢平陽人。爲大將軍。禁闥，宫中小門也。深沉安静，不浮躁也。精詳審密，不麤率也。進止，一進一止也。郎、僕射，皆官名。不失尺寸，猶言一步不差耳。僕，主也。古者重射，故有是官。關中語，轉射爲夜耳。

○汲黯，漢景帝時爲太子洗馬，以嚴見憚。武帝即位，召爲主爵都尉。以數直諫，不得久居位。是時太后弟武安侯田蚡爲丞相，句。中二千石拜謁，句。蚡弗爲禮。黯見蚡未嘗拜，句。揖之。洗，蘇典切。數，音朔。蚡，音忿。○黯，字長孺，漢濮陽人。太子洗馬，官名。以嚴見憚，以正直爲景帝所敬憚也。❶主爵都尉，亦官名。以，猶因也。中，滿也。中二千石，謂九卿之官，歲俸滿二千石也。蚡負貴而驕人，黯獨不爲之屈，但揖之而已。洗之言先也。天子出則前導也。上方招文學儒者，上曰「吾欲」云云，黯對曰：「陛下内多欲而外施仁義，奈何欲效唐虞之治乎？❷」上怒，變色而罷朝，公卿皆爲黯懼。上退，謂人曰：「甚矣，汲黯之戇也！」治，去聲。爲，去聲。戇，音撞。○上，謂武帝。云云，猶言如此如此，蓋言效唐虞之治也。心多欲，如好征伐、好神仙之類。唐虞，唐

---

❶ 「正直」，沉刻本作「直正」。
❷ 「唐」，資講本作「陶」。

堯、虞舜也。戇，愚也。帝不罪黯而容之，君人之度偉也。羣臣或數黯，黯曰：「天子置公卿輔弼之臣，寧令從諛承意，陷主於不義乎？且已在其位，❶縱愛身，奈辱朝廷何？」數，上聲。○數，責也。輔弼，輔德而弼違也。從諛承意，順從阿諛以奉承上意也。已，既也。黯多病，病且滿三月，上常賜告者數，終不瘉。最後嚴助爲請告，上曰：「汲黯何如人也？」曰：「使黯任職居官，亡以瘉人，然至其輔少主守成，雖自謂賁、育，弗能奪也。❷」上曰：「然。古有社稷之臣，至如汲黯，近之矣。」數，音朔。瘉，音愈，下同。爲，去聲。亡、無同。❸少，去聲。賁，音奔。○漢法，病滿三月當免官。告，休假也。瘉，通作愈，病痊也。嚴助，人姓名，時爲侍中。瘉，當作愈，過也。孟賁、夏育，皆古之有力者。言黯之正直，若託之擁輔幼君，以保守成業，雖自謂有賁、育之勇者，亦不能奪其大節也。然，是其言也。社稷臣，能安社稷者。大將軍青侍中，上踞厠視之；丞相弘宴見，上或時不冠。至如見黯，不冠不見也。上嘗坐武帳，黯前奏事，上不冠，望見黯，避帷中，使人可其奏。其見敬禮如此。見，音現。○青，衛青。侍中，侍於禁中也。踞，蹲坐也。厠，牀邊側。弘，公孫弘。宴見，宴閑時進見也。嘗，曾也。武帳，帳中置兵衛者。可，猶是也。從其奏，則稱制曰可。

---

❶「其」，資講本無。
❷「弗」，資講本作「不」。
❸「同」，霍刻本作「通」。

○初，魏遼東公翟黑子有寵於太武，奉使并州，受布千疋。事覺，黑子謀於著作郎高允曰：「主上問我，當以實告，爲當諱之？」允曰：「公帷幄寵臣，有罪首實，庶或見原，不可重爲欺罔也。」中書侍郎崔鑒、公孫質曰：「若首實，罪不可測，不如姑諱之。」黑子怨允曰：「君奈何誘人就死地？」入見帝，不以實對。帝怒殺之。翟，音狄。使，去聲。并，音兵。爲，去聲。幄，一角切。首，去聲，下同。重，平聲。○史氏記事而原其始，則曰初。此則節取其事而失刪也。魏，元魏。太武，魏帝。覺，發覺也。允，字伯恭。諱，隱諱也。帷幄寵臣，侍帷幄受寵眷之臣也。宥罪曰原。重，再也。言已受賄，若更隱諱，是再造欺罔之罪也。崔鑒、公孫質，皆中書侍郎。測，度；姑，且；誘，引也。帝使允授太子經，及崔浩以史事被收，太子謂允曰：「入見至尊，吾自導卿，脱至尊有問，但依吾語。」崔浩爲司徒，與允等修國書，刻石以彰直筆，太武怒其暴揚國惡，收浩誅之。將及於允，故太子欲指導其生路。脱，儻若也。太子見帝，言高允小心慎密，且微賤，制繇崔浩，請赦其死，❶帝召允，問曰：「國事皆浩所爲乎？」對曰：「臣與浩共爲之。然浩所領事，句。多總裁而已。至於著述，臣多於浩。」帝怒曰：「允罪甚於浩，何以得生！」太子懼，曰：「天威嚴重，允小臣，迷亂失次耳。臣曏問，皆云浩所爲。」帝問允：「信如東宮所言乎？」對曰：「臣罪當滅族，不敢虛

❶「死」，資講本作「罪」。

妄。殿下以臣侍講日久，哀臣，欲丐其生耳。實不問臣，臣亦無此言，不敢迷亂。」鄉，音向。丐，音蓋。○微賤，言其職之卑。制，著述也。多，猶皆也。總裁，謂總其大綱而裁正之。紀事曰著，纂言曰述。失次，謂所對失其次序。鄉，猶昔也。東宫，太子之宫。殿下，太子之稱。丐，乞也。帝顧謂太子曰：「直哉！此人情所難，而允能爲之。臨死不易辭，信也。爲臣不欺君，貞也。宜特除其罪以旌之。」遂赦之。直哉，贊其直也。旌之，表其善也。他日，太子讓允曰：「吾欲爲卿脱死，而卿不從，何也？」允曰：「臣與崔浩實同史事，死生榮辱，義無獨殊。誠何殿下再造之慈，違心苟免，非臣所願也。」太子動容稱嘆。爲，去聲。何，去聲。○讓，責也。殊，異也，言當與浩同之。再造，猶言再生。動容，變貌也。允退謂人曰：「我不奉東宫指導者，恐負翟黑子故也。」静修劉氏曰：「高允告黑子之言，衷情之忠亮，❶而作史者遽繼之以庶或見原，則所謂首實者，乃所以爲徼倖之資，又以不奉東宫指導，爲恐負黑子，則允所以爲是者，非以義理之當然，第以此爾。此皆史臣不明義理，而於遣辭之際，輕爲增損，使允忠亮之心不白，豈直筆可信之史乎？」

○李君行先生名潛，虔州人。入京，至泗州，留止。其子弟請先往，君行問其故，曰：「科場近，欲先至京師，貫開封户籍取應。」君行不許，曰：「汝虔州人而貫開封户籍，欲求事

❶「衷」，霍刻本作「忠」。「忠」，霍刻本作「直」。

君而先欺君，可乎？寧遲緩數年，不可行也。」虔，音乾。○君行，字；潛，名，宋人也。宋之京師在開封府。貫，猶係也。冒籍以應舉，欺君矣。

○崔玄暐母盧氏，嘗誡玄暐曰：「吾見姨兄屯田郎中辛玄馭曰：『兒子從宦者，有人來云貧乏不能存，此是好消息。若聞貲貨充足，衣馬輕肥，此惡消息。』吾嘗以爲確論。暐，音偉。馭，音御。貲，音咨。○玄暐，名暈，唐博陵人。仕至宰相。姨兄，姨之子長於我者也。貧必廉，故曰好消息。富必貪，故曰惡消息。比見親表中仕宦者，將錢物上其父母，父母但知喜悦，竟不問此物從何而來。必是禄俸餘資，誠亦善事；如其非理所得，❶此與盜賊何別？縱無大咎，獨不内愧於心？」玄暐遵奉教誡，以清謹見稱。别，必列切。○比，近也。親，同姓。表，外姓。非理所得，如竊官物，剥民財，皆是。咎，罪也。言罪雖幸免，心實有愧矣。

○劉器之待制初登科，與二同年謁張觀參政。三人同起身請教，張曰：「某自守官以來，常持四字：勤、謹、和、緩。」中間一後生應聲曰：「勤、謹、和，既聞命矣，❷緩之一字，某所未聞。」張正色作氣曰：「何嘗教賢緩不及事？且道世間甚事，不因忙後錯了？」器之，名安世，宋元城人。待制、參政，皆官名。勤以從政，謹以持身，和以待人，緩以處事。未聞，猶未喻也。賢，稱後

❶「理」，資講本作「禮」。
❷「既」，資講本作「則」。

生也。蓋緩非迂緩不及事之謂，乃從容不忙迫之謂耳。

〇伊川先生曰：「安定之門人，往往知稽古愛民矣，則於爲政也何有！」門人，如劉彝、錢藻、孫覺、范純仁、錢公輔是也。稽古，經義齋之事。愛民，治事齋之事。何有，言不難也。

〇呂滎公自少官守處，❶未嘗干人舉薦。其子舜從，守官會稽，人或譏其不求知者，舜從對曰：「勤於職事，其他不敢不慎，乃所以求知也。」少，去聲。會，音檜。〇官守，以官爲守也。干，求也。舜從，名疑問。

〇漢陳孝婦年十六而嫁，未有子。其夫當行戍，且行時，屬孝婦曰：「我生死未可知，幸有老母，無他兄弟備養。吾不還，汝肯養吾母乎？」婦應曰：「諾。」戍，音庶。屬，音竹。養，去聲，下同。〇孝婦，漢時陳州人。守邊曰戍。夫果死不還。婦養姑不衰，慈愛愈固，紡績織紝，以爲家業，終無嫁意。慈愛愈固，姑慈婦愛愈深固也。紡以車，績以指，織以機，紝以箴。居喪三年，其父母哀其少無子而早寡也，將取嫁之。孝婦曰：「夫去時屬妾以供養老母，妾既許諾之。夫養人老母而不能卒，許人以諾而不能信，將何以立於世？」欲自殺。其父母懼而不敢嫁也，遂使養其姑二十八年。姑八十餘以天年終，盡賣其田宅財物以葬之，終奉祭祀。少，去聲。

❶「官守」，資講本作「守官」。

屬，音竹。夫，音扶。○卒，終也。夫死不嫁，節也。養姑而生事葬祭必盡力，孝也。淮陽太守以聞，使使者賜黄金四十斤，句。復之終身，無所與，號曰「孝婦」。下「使」，去聲。復，音福。與，去聲。○淮陽，即陳州。復，謂除其家之役。與，猶及也。

○漢鮑宣妻桓氏，字少君。宣嘗就少君父學，父奇其清苦，故以女妻之。裝送資賄甚盛。宣不悦，謂妻曰：「少君生富驕，習美飾，而吾實貧賤，不敢當禮。」少，去聲，下同。妻，去聲。賄，音悔。○宣，字子都，渤海人。清，謂淡泊。苦，謂憂勤。學以清苦而成，行以清苦而立。士能如此，亦奇矣。妻曰：「大人以先生脩德守約，故使賤妾侍執巾櫛。既奉承君子，唯命是從。」宣笑曰：「能如是，是吾志也。」妻乃悉歸侍御服飾，更著短布裳，與宣共挽鹿車歸鄉里。拜姑禮畢，提甕出汲，修行婦道，鄉邦稱之。更，平聲。著，音酌。挽，音晚。○大人，稱其父也。先生以年，君子以德，稱其夫也。約，即清苦之謂。歸，謂還于父家。侍御，婢妾也。服飾，資裝也。引車曰挽。鹿車，小車可容一鹿者。

○曹爽從弟文叔妻，譙郡夏侯文寧之女，名令女。文叔蚤死，服闋，自以年少無子，恐家必嫁己，乃斷髮爲信。其後家果欲嫁之，令女聞，即復以刀截兩耳，居止常依爽。及爽被誅，曹氏盡死，令女叔父上書與曹氏絶婚，彊迎令女歸。從，去聲。譙，音樵。闋，音缺。少，去聲。斷，音短。復，扶又切。彊，上聲。○曹爽，魏宗室。從弟，同祖之弟。夏侯，姓；文寧，名。闋，終；斷，截；

誅，殺也。司馬懿殺爽，夷其族。時文寧爲梁相，憐其少執義，又曹氏無遺類，冀其意阻，乃微使人風之。令女嘆且泣曰：「吾亦惟之，許之是也。」家以爲信，防之少懈，令女於是竊入寢室，以刀斷鼻，蒙被而卧。其母呼與語，不應，發被視之，血流滿牀席。舉家驚惶，往視之，莫不酸鼻。相，一作州。少，去聲。風，去聲。懈，音戒。斷，音短。○無遺類，盡死也。冀其意阻，幸其阻守義之意而改適也。風，謂以言動之。❶惟，思也。竊，私也。或謂之曰：「人生世間，如輕塵棲弱草耳，何辛苦乃爾？且夫家夷滅已盡，守此欲誰爲哉？」令女曰：「聞仁者不以盛衰改節，義者不以存亡易心。曹氏前盛之時，尚欲保終，況今衰亡，何忍棄之？禽獸之行，吾豈爲哉！」爲，去聲。行，去聲。○輕塵弱草，熊氏曰：「輕塵易散，弱草難依，適然棲泊，飈即去矣，非有纏固也。」而已曰耳。如此曰爾。夷，誅也。守此，謂守義。不仁不義，禽獸之行也。

○唐鄭義宗妻盧氏，略涉書史，事舅姑甚得婦道。嘗夜有强盜數十，持杖鼓譟，踰垣而入。家人悉奔竄，唯有姑自在室。盧冒白刃，往至姑側，爲賊捶擊，幾死。杖，音丈。譟，先到切。竄，取亂切。冒，音墨。爲，去聲。捶，主蕊切。幾，平聲。○涉，涉水。在書史則泛觀之也。杖，兵器也。鼓譟，鼓舞呼譟也。奔竄，奔走竄匿也。冒，犯也。賊去後，家人問何獨不懼，盧氏曰：「人所以

❶「以」，沈刻本作「人」。

異於禽獸者，以其有仁義也。鄰里有急，尚相赴救，❶況在於姑，而可委棄乎？若萬一危禍，豈宜獨生？」五家爲鄰，二十五家爲里。危禍，謂姑。獨生，謂己。

〇唐奉天竇氏二女，生長草野，幼有志操。永泰中，羣盜數千人剽掠其村落。二女皆有容色，長者年十九，幼者年十六，匿巖穴間，曳出之，驅迫以前，臨壑谷，深數百尺。其姊先曰：「吾寧就死，義不受辱。」即投崖下而死。盜方驚駭，其妹繼之，自投折足，破面流血，羣盜乃捨之而去。長，上聲。剽，音票。曳，音裔。〇奉天，縣名。永泰，年號。剽掠，攻劫也。村落，村居也。匿，藏也。曳，拖也。前謂前行。捨之，謂捨其妹。京兆尹第五琦嘉其貞烈，奏之，詔旌表其門閭，永蠲其家丁役。蠲，音捐。〇京兆，郡。尹，官。第五，姓；琦，名。蠲，除也。

〇繆彤少孤，兄弟四人皆同財業。及各取妻，諸婦遂求分異，又數有鬭争之言。彤深懷忿嘆，乃掩户自撾曰：「繆彤，汝脩身謹行，學聖人之法，將以齊整風俗，奈何不能正其家乎？」弟及諸婦聞之，悉叩頭謝罪，遂更爲敦睦之行。繆，音木。彤，音容。少，去聲。取，音娶。數，音朔。撾，職瓜切。行，俱去聲。更，平聲。〇彤，字豫公，漢汝南人。幼而無父曰孤。撾，打；更，改；敦，厚；睦，和也。

❶「相」，資講本作「且」。

○蘇瓊除南清河太守，有百姓乙普明兄弟爭田，積年不斷，各相援據，乃至百人。瓊召普明兄弟，諭之曰：「天下難得者兄弟，易求者田地，假令得田地，失兄弟心，如何？」因而下淚，諸證人莫不灑泣。普明兄弟叩頭，乞外更思。分異十年，遂還同住。斷，都玩切。易，音異。令，平聲。○瓊，字珍之，北朝人。南清河，郡。乙，姓；普明，名。斷，決也。援據，攀援他人爲證據也。諭，曉也。如何，問之以發動其良心也。太守下淚，而諸證人灑泣，普明兄弟悔過，可以見人心之天矣。

○王祥弟覽，母朱氏遇祥無道，覽年數歲，見祥被楚撻，輒涕泣抱持。至于成童，每諫其母，少止凶虐。朱屢以非理使祥，覽與祥俱。又虐使祥妻，覽妻亦趨而共之。朱患之，乃止。屢，音慮。○覽，字玄通。遇，待也。楚，痛也。成童，十五歲也。俱，謂共爲之。

○晉右僕射鄧攸，永嘉末没于石勒，過泗水，攸以牛馬負妻子而逃。又遇賊掠其牛馬，步走，擔其兒及其弟子綏。度不能兩全，乃謂其妻曰：「吾弟蚤亡，唯有一息，理不可絶，止應自棄我兒耳。幸而得存，我後當有子。」妻泣而從之，乃棄其子而去之，卒以無嗣。射，音夜。度，音鐸。應，平聲。○右僕射，官名。攸，字伯道。永嘉，年號。石勒，胡人。没，陷没。息，子息。弟子，弟之子。綏，其名也。時人義而哀之，爲之語曰：「天道無知，使鄧伯道無兒。」弟子綏服攸喪三年。爲，去聲。○義者，義其能存姪也。服喪三年，如喪父也。

○晉咸寧中大疫，庾衮二兄俱亡，次兄毗復危殆，癘氣方熾，父母諸弟皆出次於外，衮獨留不去。諸父兄强之，乃曰：「衮性不畏病。」遂親自扶持，晝夜不眠，句。其間復撫柩哀臨不輟。如此十有餘旬，疫勢既歇，家人乃反，毗病得差，衮亦無恙。疫，音役。毗，音皮。復，扶又切，下同。癘，音利。熾，昌志切。强，上聲。間，音澗。臨，去聲。輟，音拙。有，音又。差，楚戒切。恙，音樣。○咸寧，年號。疫、癘，皆瘟疾。衮，字叔褒。次兄名毗。危殆，謂病甚也。熾，盛；次，舍也。間，空隙也。臨，哭；輟，止；差，愈；恙，病也。父老咸曰：「異哉此子！守人所不能守，行人所不能行。歲寒然後知松栢之後凋，始知疫癘之不能相染也。」父老，鄉之高年者。後凋，謂後於衆木之凋。

○楊播家世純厚，並敦義讓。昆季相事，有如父子。椿、津恭謙，兄弟旦則聚於廳堂，終日相對，未嘗入内。有一美味，不集不食。廳堂間往往幃幔隔障，爲寢息之所，時就休偃，還共談笑。幔，莫半切。○播，字延慶，北朝人。昆季，兄弟也。椿，字延壽。津，字羅漢。休，亦息也。偃，猶卧也。椿年老，曾他處醉歸，津扶持還室，假寢閣前，承候安否。寢，本傳作寐。○假寢，不脱衣冠而寢也。閣，謂室之門。椿、津年過六十，並登台鼎，而津常旦莫參問，子姪羅列階下，椿不命坐，津不敢坐。莫，音暮。○台鼎，三公之稱，如星之有三台，鼎之有三足也。椿爲司徒，津爲司空，故曰並登台鼎。椿每近出，或日斜不至，津不先飯。椿還，然後共食。食則津親授匙箸，味皆先嘗。椿命食，然後食。津爲肆州，椿在京宅，每有四時嘉味，輒因使次附之。若或未寄，不先入口。一家之内，男女百口，緦服同爨，庭無間言。飯，上聲。匙，音時。箸，音住。使，去聲。爨，取亂切。間，去聲。○京宅，宅在京也。嘉味，美味也。未寄於兄，則不先食。緦麻之服同炊爨，四世不分異也。間言，異言也。

○隋吏部尚書牛弘弟弼，好酒而酗。嘗醉，射殺弘駕車牛。弘還宅，其妻迎謂弘曰：「叔射殺牛。」弘聞，無所怪問，直答曰：「作脯。」坐定，其妻又曰：「叔射殺牛，大是異事。」弘曰：「已知。」顔色自若，讀書不輟。酗，許御切。脯，音府。輟，音拙。○弘，字里仁，安定人。弟名弼。酗，酒狂也。直，猶但也。輟，止也。

○唐英公李勣，貴爲僕射，其姊病，必親爲然火煑粥。火焚其鬚，姊曰：「僕妾多矣，何爲自苦如此？」勣曰：「豈爲無人耶，顧今姊年老，勣亦老，雖欲數爲姊煑粥，復可得乎？」勣，音迹。射，音夜。爲，去聲，下同。數，音朔。復，去聲。○勣，字懋功，封英公。僕射，唐宰相。顧，猶念也。

○司馬温公與其兄伯康友愛尤篤，伯康年將八十，公奉之如嚴父，保之如嬰兒。每食少頃，則問曰：「得無饑乎？」天少冷，則拊其背曰：「衣得無薄乎？」拊，音府。○伯康，名旦。吴氏曰：「奉之如嚴父，敬之至也。保之如嬰兒，愛之至也。老人腸胃弱，易飽易饑；氣體虚，易寒易熱，故公撫問之勤如此。」

○近世故家，惟晁氏因以道申戒子弟皆有法度。羣居相呼外姓尊長，必曰「某姓第幾叔若兄」。諸姑、尊姑之夫，必曰「某姓姑夫」，「某姓尊姑夫」，未嘗敢呼字也。其言父黨交遊，必曰「某姓幾丈」，亦未嘗敢呼字也。當時故家舊族皆不能若是。晁，音潮。○故家，舊家。惟，獨也。以道，名悦之，澶淵人。若，及也。尊者曰某姓第幾叔。長者曰某姓第幾兄。姑，父之姊妹也。尊姑，祖之姊妹也。父黨交遊，父之友也。稱姓、稱行，稱位，而不呼字，皆謙厚之道。

○包孝肅公尹京時，民有自言：「以白金百兩寄我者死矣，予其子，不肯受，願召其子予之。」尹召其子，辭曰：「亡父未嘗以白金委人也。」兩人相讓久之。予，音與，下同。○公名拯，字希仁，孝肅，謚也，宋廬州人。尹京時，爲京尹之時。呂滎公聞之曰：「世人喜言『無好人』三字者，可謂自賊者矣。古人言人皆可以爲堯舜，蓋觀於此而知之。」賊，害也。古人，謂孟子。人無有不善，故皆可以爲堯舜。蓋，疑辭。此，指讓金而言，猶言此等事也。

○萬石君石奮歸老於家，過宮門闕，必下車趨；見路馬，必軾焉。子孫爲小吏，來歸謁，萬石君必朝服見之，不名。子孫有過失，不誚讓，爲便坐，對案不食，然後諸子相責，因長老肉袒固謝罪，改之，乃許。誚，在笑切。爲，去聲。○漢石奮與四子皆官至二千石，故號萬石君。歸老，老而歸也。路馬，説見《稽古》。誚讓，謂以言責之。坐于便室，設食於案，對之而不食，自責也。長老，族之高年者。肉袒，袒衣露肉也。固，再三也。許，謂許其改過，而已復坐、復食也。子孫勝冠者在側，雖燕必冠，申申如也。童僕訢訢如也，唯謹。勝，音升。側，音則。訢，音銀。〇勝冠，謂年及冠者。燕，謂燕居。申申，和緩也。訢訢，和悦也。和則易肆，故加謹。上時賜食於家，必稽首俯伏而食，如在上前。其執喪哀戚甚，子孫遵教亦如之。稽，音啓。〇稽首，即叩首。稽首俯伏而後起食，敬也。萬石君家以孝謹聞乎郡國，雖齊、魯諸儒質行，皆自以爲不及也。行，去聲。〇孝謹，即下宫門闕等事。齊、魯，二國名。長子建爲郎中令，少子慶爲内史。❶少，去聲。〇郎中令、内史，皆官名。建老白首，萬石君尚無恙，每五日洗沐歸謁，親入子舍，竊問侍者，取親中帬厠牏，身自浣滌，復與侍者，不敢令萬石君知之，以爲嘗。恙，音樣。帬，音裙。牏，音投。浣，音緩。滌，音狄。〇恙，病也。漢法，在官五日則休假一日，以洗身沐首。子舍，小房。親，謂萬石君。中帬，中衣。厠牏，穢器。不使親知者，共爲子職，而又欲親心安也。内史慶醉歸，入外門不下車，萬石君聞之不食。慶恐，肉袒謝罪，不許。舉宗及兄建肉袒，萬石君讓曰：「内史貴人，入閭里，里中長老皆走匿，而内史坐車中自如，固當。」乃謝罷慶。慶及諸子入里門，趨至家。外門，巷門。舉宗，猶言闔族。讓，責也。固當者，反辭以責之也。謝罷慶者，許不過慶而復食也。里門，即巷門。言自是以後入巷門，則疾趨而歸，不但下車矣。

❶「少」，資講本作「次」。

○疏廣爲太子太傅，上疏乞骸骨，加賜黃金二十斤，太子贈五十斤。歸鄉里，日令家供具，設酒食，請族人故舊賓客相與娛樂。數問其家金餘尚有幾斤，趣賣以共具。疏，音疎。骸，音諧。樂，音雒。數，音朔。趣，音促。共，音供。○廣，字仲翁，漢蘭陵人。太傅，官名。上疏乞骸骨，猶今之告老也。娛，歡也。趣，與促同。共，與供同。言促賣餘金，以供酒食之具也。居歲餘，廣子孫竊謂其昆弟老人廣所信愛者曰：「子孫冀及君時頗立産業基址，今日飲食費且盡，宜從丈人所勸説君置田宅。❶」老人即以閒暇時爲廣言此計。説，音税。爲，去聲。○冀，欲也。君，指廣。丈人，即廣所愛信之高年兄弟也。所，處也。説，誘也。廣曰：「吾豈老悖，不念子孫哉！顧自有舊田廬，令子孫勤力其中，足以共衣食，與凡人齊。今復增益之，以爲贏餘，但教子孫怠惰耳。悖，音佩。令，平聲。共，音供。復，扶又切。○老悖，年老而乖悖也。贏，亦餘也。衣食有餘，則子孫倚之而怠惰矣。賢而多財則損其志，愚而多財則益其過。且夫富者衆之怨也，吾既無以教化子孫，不欲益其過而生怨。又此金者，聖主所以惠養老臣也，故樂與鄉黨宗族共享其賜，以盡吾餘日，不亦可乎？」夫，音扶。樂，音雒。○益，增也。

○龐公未嘗入城府，夫妻相敬如賓。劉表候之，龐公釋耕於壟上，而妻子耘於前。表

❶「置」，資講本作「買」。

指而問曰：「先生苦居畎畝，而不肯官禄，後世何以遺子孫乎？」龐公曰：「世人皆遺之以危，今獨遺之以安。雖所遺不同，未爲無所遺也。」表嘆息而去。遺，音位，下同。○龐公，字德公，漢襄陽人。劉表，漢宗室。候，猶訪也。釋，猶罷也。壟，田間高處也。畎，田間水道也。遺，猶與也。富貴者易危，勤勞者嘗安，理勢然也。

○陶淵明爲彭澤令，不以家累自隨。送一力給其子，書曰：「汝旦夕之費，❶自給爲難。今遣此力，助汝薪水之勞。此亦人子也，可善遇之。」淵明，字元亮，晉潯陽人。彭澤，縣名。家累，妻子也。力，僕也。給，與也，贍也。遇，待也。

○崔孝芬兄弟孝義慈厚。弟孝暐等奉孝芬盡恭順之禮，坐食進退，孝芬不命則不敢也。鷄鳴而起，且温顔色。一錢尺帛，不入私房。吉凶有須，聚對分給。諸婦亦相親愛，有無共之。暐，音偉。○孝芬，北朝博陵人。孝芬叔振既亡後，孝芬等承奉叔母李氏，若事所生。旦夕温清，出入啓覲，家事巨細一以咨決。❷每兄弟出行，有獲，則尺寸以上皆入李之庫。四時分賫，李氏自裁之。如此二十餘歲。清，七正切。上，上聲。賫，雒代切。○孝芬之叔，名振。温，謂冬温。清，謂夏清。啓，謂出必告。覲，謂反必面。獲，得也。賫，與也。

---

❶「費」，資講本作「廢」。
❷「咨」，資講本作「啓」。

〇王凝常居慄如也。子孫非公服不見，閨門之内若朝廷焉。慄，音栗。〇凝，字叔恬，文中子之弟。慄，嚴謹貌。御家以四教：勤、儉、恭、恕。正家以四禮：冠、婚、喪、祭。御，治也。勤以事事，儉以制用，恭以處己，恕以待人。四禮，説見《嘉言》。聖人之書及公服禮器不假。垣屋什物必堅朴，曰：「無苟費也。」門巷果木必方列，曰：「無苟亂也。」假，借也。不假，阮氏曰：「皆自足也。」營築垣屋，造設什物，必渾堅朴素。經畫門巷，種植果木，必方整成列。蓋其爲人不苟，故每事亦不苟如此。

〇張公藝九世同居，北齊、隋、唐皆旌表其門。麟德中，高宗封泰山，幸其宅，召見公藝，問其所以能睦族之道。公藝請紙筆以對，乃書「忍」字百餘以進。其意以爲宗族所以不協，繇尊長衣食或有不均，卑幼禮節或有不備，更相責望，遂爲乖争，苟能相與忍之，則家道雍睦矣。更，平聲。〇公藝，唐東平人。北齊，北朝高齊也。麟德，唐高宗年號。封，謂封土爲壇以祭也。泰山，山名。天子所至曰幸。忍，耐也。協，和也。卑幼責望尊長之不均，尊長責望卑幼之不備，是更相責望也。乖，戾也。雍，和也。

〇韓文公作《董生行》曰：「淮水出桐栢山，東馳遥遥千里不能休。淝水出其側，不能千里，百里入淮流。壽州屬縣有安豐，唐貞元年時，縣人董生召南隱居行義於其中。刺史不能薦，天子不聞名聲，爵禄不及門。門外惟有吏，日來徵租更索錢。行如字。淝，音肥。召，音邵。索，音色。○公名愈，字退之，諡文，唐昌黎人。董生，名召南。行，歌類。桐栢山，在唐縣。淝水，在合肥縣。安豐，縣名。貞元，年號。董生隱居行義於淮淝之間，時之人不能與儔。韓子爲作此詩，蓋賦而興也。嗟哉董生朝出耕，夜歸讀古人書。盡日不得息，或山而樵，或水而漁。入廚具甘旨，上堂問起居。父母不慼慼，妻子不咨咨。吳氏曰：「慼慼，憂愁也。咨咨，嗟怨也。父母安其孝，故不憂。妻子樂其慈，故不怨。」嗟哉董生孝且慈，人不識，唯有天翁知。○天翁，猶言老天。生祥下瑞無休期。❶家有狗乳出求食，雞來哺其兒。啄啄庭中拾蟲蟻，哺之不食鳴聲悲。彷徨躑躅久不去，以翼來覆待狗歸。乳，去聲。哺，音步。彷，音旁。徨，音皇。躑，音擲。躅，音逐。覆，敷救切。乳，生子也。躑躅，跳貌。吳氏曰：「董生孝慈之行，獨天知之，故祥瑞見於異類如此。」嗟哉董生，誰將與儔？時之人，夫妻相虐，兄弟爲讎。食君之祿，而令父母愁。亦獨何心？嗟哉董生無與儔！」儔，音紬。○儔，匹也。朱子曰：「上句『誰將與儔』，疑而問之之辭也。下句『無與儔』，答而決之之辭也。」

○唐河東節度使柳公綽，在公卿間最名有家法。綽，尺約切。○河東，道名。節度使，官名。公綽，字子寬。中門東有小齋，自非朝謁之日，每平旦輒出，至小齋，諸子仲郢皆束帶晨省於

❶「休」，資講本作「時」。

中門之北。公綽決私事，接賓客，與弟公權及羣從弟再會食，自旦至莫，不離小齋。燭至，則命一人子弟執經史，躬讀一過。訖，乃講議居官治家之法，或論文，或聽琴，至人定鐘，然後歸寢。諸子復昏定於中門之北。凡二十餘年，未嘗一日變易。朝，音潮。郢，音穎。從，去聲。莫，音暮。離，去聲。○仲郢，節度之子，字諭蒙。公權，節度之弟，字誠懸。其遇饑歲，則諸子皆蔬食，曰：「昔吾兄弟侍先君爲丹州刺史，以學業未成，不聽食肉，吾不敢忘也。」食，音似。○曰，節度言也。父没稱先君。聽，猶許也。姑姊妹姪有孤嫠者，雖疎遠，必爲擇壻嫁之。皆用刻木粧奩，纈文絹爲資裝。常言：「必待資裝豐備，何如嫁不失時。」嫠，音離。爲，去聲。奩，音廉。纈，胡結切。○姪，謂兄弟之女。孤，無父者。嫠，無夫者。奩，鏡匣也。纈文絹，繫絹染爲文者。及公綽卒，仲郢一遵其法，事公權如事公綽。非甚病，見公權未嘗不束帶。爲京兆尹、鹽鐵使，出遇公權於通衢，必下馬，端笏立候公權過，乃上馬。公權莫歸，必束帶迎候於馬首。公權屢以爲言，仲郢終不以官達有小改。莫，音暮。○其，指節度也。以上言家法之在外者。公綽妻韓氏，相國休之曾孫。家法嚴肅儉約，爲搢紳家楷範。歸柳氏三年，無少長，未嘗見其啓齒。常衣絹素，不用綾羅錦繡。每歸覲，不乘金碧輿，秖乘竹兜子，二青衣步屣以隨。常命粉苦參、黄連、熊膽和爲丸，賜諸子，每永夜習學含之，以資勤苦。楷，口駭切。少，去聲。衣，去聲。秖，音止。兜，當侯切。屣，音洗。和，去聲。○相國，宰相之稱。休，其名也。搢紳，搢笏垂紳也。楷範，猶言法式。婦人謂嫁曰歸。啓齒，笑也。歸覲，歸寧父母也。竹兜子，竹轎也。二青衣，二僮使也。屣，徐行貌。資，助也。此言家法之在内者。

○江州陳氏宗族七百口，每食，設廣席，長幼以次坐而共食之。有畜犬百餘，共一牢食，一犬不至，諸犬爲之不食。畜，許六切。爲，去聲。○陳氏名褎，南唐人。十世同居，犬知愛其類，和順之所感也。

○温公曰：「國朝公卿能守先法久而不衰者，唯故李相家。子孫數世至二百餘口，猶同居共爨。田園邸舍所收及有官者俸禄，皆聚之一庫，計口日給餉，婚姻喪葬所費皆有常數，分命子弟掌其事。其規模大抵出於翰林學士宗諤所制也。」相，音昉。邸，音底。○國朝，温公自謂本朝也。李相，名昉，字明遠，滁州人。爲宰相，故稱李相。邸舍，客店也。宗諤，李相之子，字昌武。

右實明倫。李氏曰：「首十章，實父子之親。次八章，實君臣之義。次五章，實夫婦之別。次十章，實長幼之序。次一章，實朋友之交。後十一章，通實五倫之義。」或問此篇似少朋友章。朱子曰：「當時是衆編類來，偶缺此耳。」

或問第五倫曰：「公有私乎？」對曰：「昔人有與吾千里馬者，吾雖不受，每三公有所選舉，心不能忘，而亦終不用也。吾兄子嘗病，一夜十往，退而安寢。吾子有疾，雖不省視，而竟夕不眠。若是者，豈可謂無私乎？」第五，姓；倫，名，字伯魚，漢京兆人。爲司空，以公正稱。周以太師、太傅、太保爲三公。東漢以太尉、司徒、司空爲三公。竟，終也。朱子曰：「不薦自是好，然於心終不忘，便是喫他取舉意思不過，這便是私意。」又曰：「如十起與不起，便是私，這便是避嫌。只是他見得這意思，已是大段做工夫，大段會省察了。」

○劉寬雖居倉卒，未嘗疾言遽色。夫人欲試寬令恚，伺當朝會，裝嚴已訖，使侍婢奉肉羹，翻污朝衣，❶婢遽收之，寬神色不異，乃徐言曰：「羹爛汝手乎？」其性度如此。倉，上聲。卒，音村，入聲。遽，音句。恚，音惠。伺，音似。朝，音潮。奉，音捧。污，去聲。○寬，字文饒，漢弘農人。恚，怒也。裝嚴，謂裝著嚴整。異，變也。

○張湛矜嚴好禮，動止有則，居處幽室，必自修整，雖遇妻子，若嚴君焉。及在鄉黨，詳言正色，三輔以爲儀表。好，去聲。處，去聲。○湛，字子孝，漢平陵人。矜嚴，矜莊而嚴厲也。嚴君，尊嚴之君長也。漢以京兆尹、左馮翊、右扶風爲三輔，共治長安城中。儀表，猶言法式。建武初，爲左馮翊，告歸平陵，望寺門而步。主簿進曰：「明府位尊德重，不宜自輕。」湛曰：「禮，下公門，式路馬，孔子於鄉黨恂恂如也。父母之國，所宜盡禮，何謂輕哉？」馮，音平。翊，音亦。○建武，年

---

❶「衣」，資講本作「服」。

號。寺，官府之稱。主簿，馮翊屬吏也。恂恂，信實之貌。

○楊震所舉荆州茂才王密爲昌邑令，謁見，懷金十斤以遺震。震曰：「故人知君，君不知故人，何也？」密曰：「莫夜無知者。」震曰：「天知，神知，我知，子知，何謂無知？」密愧而去。遺，音位。莫，音暮。○震，字伯起，漢弘農人。嘗爲荆州刺史。故人，震自謂。君，謂密。熊氏曰：「明不欺天，幽不欺神。内不欺心，外不欺人。」

○茅容與等輩避雨樹下，衆皆夷踞相對，容獨危坐愈恭。郭林宗行見之，而奇其異，遂與共言，因請寓宿。旦日，容殺鷄爲饌，林宗謂爲己設，既而供其母，自以草蔬與客同飯。林宗起，拜之曰：「卿賢乎哉！」因勸令學，卒以成德。夷，本作跠。踞，音據。爲，去聲。令，平聲。○容，字季偉，漢陳留人。夷踞，蹲坐也。危坐，以尻著蹠而坐也。林宗，名泰，太原人。異，謂異於衆。

○陶侃爲廣州刺史，在州無事，輒朝運百甓於齋外，莫運於齋内。人問其故，答曰：「吾方致力中原，過爾優逸，恐不堪事。」其勵志勤力，皆此類也。甓，音闢。莫，音暮。○侃，字士行，晉鄱陽人。仕至太尉。甓，磚也。❶時中原陷没，侃欲致力興復，故朝夕運甓以習勞也。後爲荆州刺史。侃性聰敏，勤於吏職，恭而近禮，愛好人倫，終日斂膝危坐。閫外多事，千緒萬端，罔有遺

❶「磚」，霍刻本作「瓴」。

漏。遠近書疏，莫不手答，筆翰如流，未嘗壅滯，引接疏遠，門無停客。閫，苦本切。上「疏」，去聲。下「疏」，平聲。○愛好人倫，尚名教也。閫外，謂邦域之外。晉處江左，以荆楚爲國之西門，故曰閫外。常語人曰：「大禹聖人，乃惜寸陰，至於衆人當惜分陰。豈可逸遊荒醉！生無益於時，死無聞於後，是自棄也。」語，去聲。○陰，光陰。諸參佐或以談戲廢事者，乃命取其酒器蒱博之具，悉投之于江，吏將則加鞭朴，曰：「樗蒲者，牧猪奴戲耳。老莊浮華，非先王之法言，不可行也。君子當正其衣冠，攝其威儀，何有亂頭養望，自謂弘達耶？」蒲，音蒲，下同。樗，音樞。○蒱樗，蒱博、局戲、雙陸之類。浮華，謂老聃、莊周之言，虚而無實也。攝，簡束也。「養望」，《通鑑》作「跣足」。逸遊荒醉、談戲廢事、蓬頭跣足，皆老莊尚玄虚、棄禮法之流弊。吴氏曰：「養望，養其虚望也。」

○王勃、楊炯、盧照鄰、駱賓王皆有文名，謂之四傑。裴行儉曰：「士之致遠，先器識而後文藝。勃等雖有文才，而浮躁淺露，豈享爵禄之器耶？楊子沉静，應得令長，餘得令終爲幸。」其後勃溺南海，照鄰投潁水，賓王被誅，炯終盈川令，皆如行儉之言。躁，音竈。溺，音匿。○行儉，字守約，唐絳州人。器，器局。識，識見。浮躁，不沉静也。淺露，不深潛也。令長，令尹。令終，善終。盈川，縣名。

○孔戡於爲義若嗜慾，不顧前後；於利與禄則畏避退怯，如懦夫然。戡，音堪。懦，音糯。○戡，字君勝，孔子三十八世孫。懦，柔弱也。言其勇於爲義，而怯於趨利禄如此。

○柳公綽居外藩，其子每入境，郡邑未嘗知。既至，每出入，常於戟門外下馬，呼幕賓爲丈，皆許納拜，未嘗笑語欵洽。外藩，謂節度使，取屏蔽之義也。其門得列戟，故曰戟門。納，受也。

○柳仲郢以禮律身，居家無事，亦端坐拱手。出内齋，未嘗不束帶。三爲大鎮，廄無良馬，衣不熏香。公退必讀書，手不釋卷。廄，音救。○仲郢嘗爲山南、劒南、天平三道節度使，故曰三爲大鎮。公退，自公而退也。釋，捨也。端坐、拱手、束帶，敬也。廄無良馬，衣不熏香，儉也。讀書不釋卷，勤也。家法，句。在官不奏祥瑞，不度僧道，不貸贓。吏法，凡理藩府急於濟貧卹孤，有水旱必先期假貸，廩軍食必精豐，逋租必貰免，舘傳必增飾，宴賓犒軍必華盛。而交代之際，食儲帑藏必盈溢於始至。境内有孤貧衣纓家女及笄者，皆爲選壻，出俸金爲資裝嫁之。貸，音泰。逋，奔謨切。貰，音世。傳，朱戀切。犒，口到切。帑，音倘。藏，去聲。溢，音逸。「皆爲」之「爲」，去聲。○在官以下，皆柳氏之家法。貸，寬也。假貸，謂以錢穀借之。廩，倉廩。軍食，軍餉。精豐，不待欠也。貰，除也。舘，客舍。傳，馬驛。犒，勞也。儲，蓄也。帑、藏，皆庫名，所以貯金帛者。衣纓，猶簪纓。及笄，年十五者。熊氏曰：「不奏祥瑞，爲諂上也。」吴氏曰：「食儲帑藏盈溢於始至。出納有籍，用無所私而致也。」

○柳玭曰：「王相國涯方居相位，掌利權。竇氏女歸，請曰：『玉工貨一釵，奇巧，須七十萬錢。』王曰：『七十萬錢，我一月俸金耳，豈於女惜？但一釵七十萬，此妖物，必與禍相隨。』女子不復敢言。女，音汝。復，扶又切。○王涯，唐宰相。掌利權，謂其兼度支鹽鐵榷茶等使也。竇氏女，涯女嫁竇氏者。歸，謂歸寧。熊氏曰：「涯實靳嗇，託辭拒之，然妖物必與禍隨，則名言也。蓋妖巧之物，人所貪競，固有招禍之道也。」數月，女自婚姻會歸，告王曰：『前時釵，爲馮外郎妻首飾矣。』乃馮球也。王嘆曰：『馮爲郎吏，妻之首飾有七十萬錢，其可久乎？』球，音求。○婚姻會，因婚姻而燕會也。馮爲賈相餗門人，最密。賈有蒼頭，頗張威福，馮召而勗之。未浹旬，馮晨謁賈，有二青衣捧地黄酒出飲之，食頃而終。賈爲出涕，竟不知其繇。餗，音速。勗，音旭。浹，音接。飲，去聲。「賈爲」之「爲」，去聲。○賈餗，亦宰相。密，親密也。奴僕以蒼爲巾，故曰蒼頭。勗，勉也。浹，周也。十日爲旬。二青衣，二童使也。地黄，藥名，無毒，蓋他酒詭稱耳。食頃，一飯之頃也。球以奴張威福，恐爲主累，故戒之。奴恐球告主，故毒殺之。又明年，王、賈皆遘禍。遘，音垢。○遘，遇也。涯、餗皆爲宦者仇士良所殺。噫！王以珍玩奇貨爲物之妖，信知言矣。徒知物之妖，而不知恩權隆赫之妖甚於物耶！馮以卑位貪寶貨，已不能正其家，盡忠所事而不能保其身，斯亦不足言矣。賈之臧獲害門客於牆廡之間而不知，欲終始富貴，其可得乎？廡，音武。○恩權之隆赫，禍機所伏也，故謂之妖。知言，本謂知言之是非，此則謂知理之言也。盡忠所事，謂盡心於餗也。奴曰臧，婢曰獲，指蒼頭。門客，指馮球。廡，堂下周屋也。此雖一事，作戒數端。熊氏曰：「珍玩奇貨不可貪，一戒也。恩權隆赫不可恃，二戒也。溺愛而不能正家，三戒也。失言而不能保身，四戒也。嬖臧獲，張威福，害門客而不知，五戒也。」

○王文正公發解、南省、廷試皆爲首冠，或戲之曰：「狀元試三場，一生喫著不盡。」公正色曰：「曾平生之志，不在温飽。」解，去聲。冠，去聲。著，音酌。○公名曾，字孝先，宋青州人。仕至宰相。謚文正。狀元，指公。試三場，言鄉試、省試、廷試，皆第一也。志不在温飽，則在安天下矣。

○范文正公少有大節，其於富貴貧賤，毁譽歡戚，不一動其心，而慨然有志於天下。嘗自誦曰：「士當先天下之憂而憂，後天下之樂而樂也。」少，去聲。譽，音于。樂，音雒，下同。○不一動其心，謂富貴不慕，貧賤不厭；毁之不怒，譽之不喜；得而不歡，失而不戚也。天下未憂而先憂，天下已樂而後樂，仁人之心如此。其事上遇人，一以自信，不擇利害爲趨捨。其有所爲，必盡其方。曰：「爲之自我者，當如是。其成與否，有不在我者，雖聖賢不能必，吾豈苟哉！」自信，守其正也。如是，盡其方也。事上待人，一以自信，而不趨利不避害。有所爲必盡其方，而成敗不苟焉。容心於其間，有行法俟命意。

○司馬温公嘗言：「吾無過人者，但平生所爲，未嘗有不可對人言者耳。」誠而已。

○管寧嘗坐一木榻，積五十餘年，未嘗箕股其榻上，當膝處皆穿。股，音古。○寧，字幼安，漢高士。古人危坐如跪。箕股，謂兩展其股，狀如箕也。

○吕正獻公自少講學，即以治心養性爲本。寡嗜慾，薄滋味，無疾言遽色，無窘步，無惰容。凡嬉笑俚近之語，未嘗出諸口。於世利紛華，聲伎游宴，以至於博奕奇玩，淡然無所好。少，去聲。窘，臣隕切。俚，音里。伎，音忌。好，去聲。○治心，收其放心也。養性，養其德性也。自「寡嗜慾」以下，當治心以養性之事。窘，迫促也。俚，鄙俗也。伎，巧戲也。

○明道先生終日端坐，如泥塑人，及至接人，則渾是一團和氣。塑，音素。○終日端坐，如泥塑人，敬也。

○明道先生作字時甚敬，嘗謂人曰：「非欲字好，即此是學。」朱子曰：「此亦可以收放心。」

○劉忠定公見温公，問盡心行己之要可以終身行之者，公曰：「其誠乎！」劉公問行之何先，公曰：「自不妄語始。」忠定，元城先生謚也。朱子曰：「温公所謂誠，即大學所謂『誠其意』者，指人之實其心而不自欺也。」劉公初甚易之，及退，而自檃括日之所行，與凡所言，自相掣肘矛盾者多矣。力行七年而後成。自此言行一致，表裏相應，遇事坦然，常有餘裕。易，音異。檃，音隱。掣，昌列切。肘，音帚。矛，音謀。盾，汝允切。「言行」之「行」，去聲。○易之，以不妄語爲易也。揉曲者曰檃，正方者曰括，皆制木之器也。自相掣肘矛盾，喻言行相違也。吴氏曰：掣，挽也。肘，臂節也。掣肘，謂肘欲運動而人挽之，不能運也。矛，有鉤之兵。盾，即今傍牌也。矛盾，謂矛欲傷人而盾蔽之，不能傷也。

○劉公見賓客，談論踰時，體無欹側，肩背竦直，身不少動，至手足亦不移。欹，音欺。

竦，音聳。○敬而已矣。

○徐積仲車初從安定胡先生學，潛心力行，不復仕進。其學以至誠爲本，事母至孝。自言：「初見安定先生，退，頭容少偏。安定忽厲聲云：『頭容直！』某因自思，不獨頭容直，心亦要直也。自此不敢有邪心。」卒謚節孝先生。仲車父早卒，盡孝於母。朱子曰：「這樣人，都是資質美，所以一撥便轉，終身不爲惡也。」

○文中子之服儉以絜，無長物焉，綺羅錦繡，不入於室，曰：「君子非黄白不御。」婦人則有青碧。絜，音潔。長，音丈。○儉謂不華靡。潔謂不垢污。長，剩也。無長物，謂儉潔之外，無所增飾也。黄白，麻絲自然之色。青碧，染造使然之色。

○柳玭曰：「高侍郎兄弟三人，俱居清列，非速客不二羹胾。夕食，齕蔔匏而已。」胾，音恣。齕，音核。匏，音庖。○高氏兄弟，唐人。長釴，翰林學士。次銖，給事中。次鍇，禮部侍郎。速，召也。不貳，不兼設也。羹，肉羹。胾，肉臠。齕，猶嚼也。蔔、匏，皆菜名。

○李文靖公治居第於封丘門外，廳事前僅容旋馬。或言其太隘，公笑曰：「居第當傳子孫。此爲宰輔廳事誠隘，爲太祝、奉禮廳事則已寬矣。」公名沆，字太初，位宰相，謚文靖，宋雒州人。第，第宅。封丘，宋都門名。廳所以治事，故曰廳事。旋，回轉也。隘，窄狹也。太祝、奉禮，皆世蔭之官。已，太也。

○張文節公爲相，自奉如河陽掌書記時。所親或規之曰：「今公受俸不少，而自奉若此，雖自信清約，外人頗有公孫布被之譏。公宜少從衆。」公嘆曰：「吾今日之俸，雖舉家錦衣玉食，何患不能？顧人之常情，繇儉入奢易，繇奢入儉難。吾今日之俸豈能常有，身豈能常存？一旦異於今日，家人習奢已久，不能頓儉，必至失所。豈若吾居位去位、身存身亡如一日乎？」公名知白，字用晦，宋滄州人。初爲河陽掌書記，後爲宰相。謚文節。漢丞相公孫弘爲布被，汲黯曰：「弘俸禄多而爲布被，此詐也。」或人見文節之儉約，亦疑其詐，故引是以譏之。頓，遽也。

○温公曰：「先公爲羣牧判官，客至，未嘗不置酒。或三行，或五行，不過七行。酒沽於市，果止梨、栗、棗、柿，肴止於脯醢菜羹，器用甆漆。當時士大夫皆然，人不相非也。會數而禮勤，物薄而情厚。甆，音慈。數，音朔。○温公父名池，字和中。行，猶巡也。近日士大夫家，酒非内法，果非遠方珍異，食非多品，器皿非滿案，不敢會賓友。常數日營聚，然後敢發書。苟或不然，人争非之，以爲鄙吝，故不隨俗奢靡者鮮矣。案，亦作按。○内法，謂宫内造酒之法。營，辦也。聚，積也。❶書，謂召客之書。嗟乎！風俗頹弊如是，居位者雖不能禁，忍助之乎！」居位，謂居相位。時公已作相矣。

❶「積」，霍刻本、沈刻本作「集」。

○温公曰：「吾家本寒族，世以清白相承。吾性不喜華靡，自爲乳兒時，長者加以金銀華美之服，輒羞赧棄去之。年二十忝科名，聞喜宴獨不戴花。同年曰：『君賜，不可違也。』乃簪一花。平生衣取蔽寒，食取充腹，亦不敢服垢敝以矯俗干名，但順吾性而已。」赧，乃板切。矯，音皎。○忝，叨也。聞喜，進士宴名。垢，污；敝，壞；矯，拂；干，求也。

○汪信民嘗言：「人常咬得菜根，則百事可做。」胡康侯聞之，擊節嘆賞。信民，名革，宋臨川人。康侯，文定公字也。人能甘澹泊，而不以外物動心，則可以有爲矣。擊節，一説擊手指節，一説擊器物爲節，皆通。嘆，嗟嘆。賞，稱賞。朱子曰：「學者須常以『志士不忘在溝壑』爲念，則道義重而計較死生之心輕矣。況衣食外物至微末事，不得未必便死，亦何用犯義犯分，役心役志，營營以求之邪！某觀今人因不能咬菜根而至於違其本心者衆矣，可不戒哉！」

右實敬身。李氏曰：「首十四章，實心術之要。次七章，實威儀之則。次一章，實衣服之制。末六章，實飲食之節。」

《儒藏》精華編選刊

即出書目(二〇二三)

白虎通德論
誠齋集
春秋本義
春秋集傳大全
春秋左氏傳賈服注輯述
春秋左氏傳舊注疏證
春秋左傳讀
道南源委
桴亭先生文集
復初齋文集
廣雅疏證

龜山先生語録
郭店楚墓竹簡十二種校釋
國語正義
涇野先生文集
康齋先生文集
孔子家語　曾子注釋
禮書通故
論語全解
毛詩後箋
毛詩稽古編
孟子正義
孟子注疏
閩中理學淵源考
木鐘集
群經平議

三魚堂文集　外集
上海博物館藏楚竹書十九種校釋
尚書集注音疏
詩本義
詩經世本古義
詩毛氏傳疏
詩三家義集疏
書疑　東坡書傳　尚書表注
書傳大全
四書集編
四書蒙引
四書纂疏
宋名臣言行録
孫明復先生小集　春秋尊王發微
文定集

五峰集　胡子知言
小學集註
孝經注解　温公易説　司馬氏書儀　家範
犟經室集
伊川擊壤集
儀禮圖
儀禮章句
易漢學
游定夫先生集
御選明臣奏議
周易口義　洪範口義
周易姚氏學